삶과 사역을 하나님의 말씀 위에 굳게 세운
존 맥아더에게 이 책을 바칩니다.

STAND

STAND
Copyright 2008 by Desiring God Ministries

Published by Crossway Books
a division of Good News Publishers
Wheaton, Illinois 60187, U.S.A.
This edition published by arrangement with Good News Publishers
through KCBS Literary Agency, Seoul, Republic of Korea.
All rights reserved.
Korean Edition Copyright © 2009 by Word of Life Press, Seoul, Republic of Korea

본 저작물의 한국어판 저작권은 KCBS Literary Agency를 통하여
Good News Publishers 와 독점 계약한 생명의말씀사에 있습니다.
신 저작권법에 의하여 한국 내에서 보호받는 저작물이므로 무단전재와 무단복제를 금합니다.

믿음으로 굳게 서라

© 생명의말씀사 2009

2009년 4월 27일 1판 1쇄 발행
2023년 10월 30일   3쇄 발행

펴낸이 | 김창영
펴낸곳 | 생명의말씀사

등록 | 1962. 1. 10. No.300-1962-1
주소 | 서울시 종로구 경희궁1길 6 (03176)
전화 | 02)738-6555(본사) · 02)3159-7979(영업)
팩스 | 02)739-3824(본사) · 080-022-8585(영업)

기획편집 | 박미현
디자인 | 오수지
인쇄 | 주손디앤피
제본 | 주손디앤피

ISBN 978-89-04-15845-4 (03230)

저작권자의 허락 없이 이 책의 일부 또는 전체를
무단 복제, 전재, 발췌하면 저작권법에 의해 처벌을 받습니다.

믿음으로 굳게 서라

순간의 유행을 따르지 않고 평생의 헌신을 꿈꾸는 이들을 위한 인내의 메시지

존 파이퍼 · 존 맥아더 외 지음 | 전의우 옮김

STAND

Contents

서문 | 우리의 삶은 믿음의 경주이니… _ 6

우리는 어떻게 살아야 하는가?
1장 | 믿음의 싸움에서 이기는 일상의 훈련 _ 13
Four Essentials for Finishing Well

제리 브리지스
Jerry Bridges

제리 브리지스는 우리 인생에서 믿음의 선한 싸움을 싸우고 끝맺음을 잘하려면 가장 기본적이고 근본적인 네 가지를 일상에서 지치지 않고 실천해야 한다고 말한다. 브리지스는 인내할 뿐 아니라 견디는 것, 즉 굳게 설 뿐 아니라 결승선과 영광 가운데 계신 하나님을 향해 쉬지 않고 나아가는 것이 우리 평생 삶의 목적임을 보여준다.

삶과 가정에서 맺은 믿음의 열매 1
2장 | 믿음의 삶을 위한 매일의 선택과 용기 _ 53
Cumulative Daily Decisions, Courage in a Cause, and a Life of Endurance

랜디 알콘
Randy Alcorn

랜디 알콘은 가족이 시련 가운데서 보여 준 인내와 자신이 그것으로 얻은 교훈을 이야기한다. 알콘은 우리가 어떤 사람이 되느냐는 매일 어떤 선택을 하느냐, 즉 매일 무엇을 기뻐하며 묵상하느냐에 달렸다고 말한다. 또 자신의 아이들이 인내를 통해 인격과 신앙과 통찰력을 어떻게 기르게 되었는지 알려준다.

사역 현장에서 맺은 믿음의 열매 2
3장 | 한 길을 꾸준히 걷는 사역의 비결 _ 97
Certainties That Drives Enduring Ministry

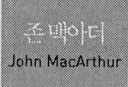
존 맥아더
John MacArthur

존 맥아더는 자신의 인격과 삶과 사역에 대해 가해질 수 있는, 가능한 모든 공격에 관하여 증언할 수 있을 만큼 한 교회에서 오랫동안 목회했다. 그래서 맥아더는 진리 수호라는 힘든 사역을 하며 생존하는 법을 배우기 위해 평생 바울의 삶을 연구했다. 특히 고린도후서를 깊이 연구한 끝에, 바울이 받아들인 사실들을 발견하고 자신의 삶에 적용한 원리들을 설명한다.

선교 현장에서 맺은 믿음의 열매 3
4장 | 오직 한 가지를 위해 달려가노라 _ 139
One Thing

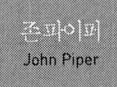
헬렌 로저비어
Helen Roseveare

헬렌 로저비어는 전쟁으로 찢긴 현장에서 선교사역을 하며 그리스도와 함께 아름답게 인내하며 살았다. 성경적인 통찰력과 개인적인 경험을 통해서, '한 가지' 주제를 중심으로 그리스도인으로서 자신의 과거와 현재와 미래를 증언한다. 그는 첫째, 내가 아는 한 가지(one thing I know) 둘째, 내가 행하는 한 가지(one thing I do), 셋째, 내가 구하는 한 가지(one thing I ask)를 통해 가장 중요한 메시지를 심어준다.

삶 의 마 지 막 까 지 후 회 없 도 록
5장 | 인내하라! 하나님의 영광을 위해! _ 177
Getting Old to the Glory of God

존 파이퍼
John Piper

존 파이퍼는 하나님의 영광을 위해 사는 삶에 대해 말한다. 그러나 두려움이라는 큰 장애물이 우리를 가로막는다. 파이퍼는 우리가 최종 구원에 이르기까지 반드시 인내가 필요하며, 그리스도 안에 있는 모든 이들에게 그것이 얼마나 필요한 성품인지를 밝혀준다. 또한 인내하지 못할 것이라는 두려움을 이기는 성경적 방법도 알려주어 믿음의 싸움에서 승리하도록 돕는다.

6장 | 영적 거장들이 들려주는 믿음의 통찰력 _ 203

1 _ 존 파이퍼와 저자들의 대담
: 희망의 날을 기다리는 이들에게

2 _ 존 파이퍼와 존 맥아더의 대담
: 믿음의 가문을 이어가는 이들에게

각주 _ 258

서문 |

"우리의 삶은 믿음의 경주이니…"

최근에 존 파이퍼가, 자기 아버지가 생을 마감하면서 보여준 굳건한 믿음에 관하여 들려주었다.

> 치매 말기인데도 아버지는 여전히 기뻐하셨네. 마지막으로 일기를 쓰신 달, 그러니까 2004년 4월에 이렇게 적으셨더군. "나는 곧 86세가 되지만 여전히 힘이 솟고 건강이 좋다. 하나님께서 내게 놀랍도록 은혜를 베푸셨는데, 나는 그분의 비할 데 없는 은혜와 인내를 받을 자격이 전혀 없다. 늙어갈수록 주님은 내게 더욱 귀하다."[1]

마지막 줄을 천천히 다시 읽어보라. 얼마나 놀라운 글인가! 치매 말기에도 그는 주님을 점점 더 귀하게 느꼈다. 당신이 들고 있는 이 책의 목적은 당신을 격려하여, 당신이 인생의 마지막을 맞을 때 진심으로 이런 글을 쓸 수 있도록 돕는 것이다.

그리스도인에게 인내와 견딤은 어떤 의미인가?

성경에서 인내(perseverance)와 견딤(endurance)에 관한 최고의 정의 가운데 하나가 사도 바울의 말에서 나타난다.

내가 이미 얻었다 함도 아니요 온전히 이루었다 함도 아니라 오직 내가 그리스도 예수께 잡힌 바 된 그것을 잡으려고 달려가노라(빌 3:12).

바울은 여기서 세 가지 진리를 가르친다. 뒤 구절부터 보면, 첫째, 바울이(그리고 우리가) 인내할 수 있게 하는 초석은 그리스도께 잡힌 바 되었다는 사실이다. 예수님이 제자들에게 하신 말씀은 곧 우리에게 하신 것이다. "너희가 나를 택한 것이 아니요 내가 너희를 택하여 세웠나니…"(요 15:16). 그리스도께서 먼저 우리와 관계를 시작하셨다. 둘째, 우리는 아직 완전히 이르지 못했다. 하나님 앞에 얼굴을 맞대고 설 때까지는 영원하게든 일시적으로든 궁극적으로 이른 게 아니다. 우리는 과정 중에 있으며, 여전히 싸우는 중이고, 여전히 달려가는 중이다. 하나님이 우리 속에서 "착한 일을 시작하셨다." 그러나 하나님은 그 일을 "그리스도 예수의 날"에야 완전히 이루실 것이다(빌 1:6). 마지막으로, 이것은 궁극적으로 하나님의 일이지만 우리의 일 **대신**이 아니라 우리의 일을 **통해** 이루어진다. 바울은 우리가 "그것을 잡으려고 달려가야" 한다고 말한다.

신학자 존 머레이(John Murray, 1898-1975)는 이러한 가르침을 전하면서 충분한 성경적 증거를 토대로 인내를 다음과 같이 정의했다.

"인내란 하나님이 그분의 구원 목적을 이루기 위해 정하신 방법에 우리가 자신을 바치는 가장 강하고 집중적인 헌신을 말한다."[2]

몇 가지를 주목하라. 첫째, 인내란 우리의 한 부분(마음이나 몸이나 영혼)이 아니라 우리의 전부(전인-全人, whole person)를 포함한다. 둘째, 인내는 "가장 강하고 집중적인 헌신"을 포함한다. 어느 누구도 결승점을 두고 표류해서는 안 된다. 인내는 진지한 노력을 포함한다(바울이 인내를 싸움과 경주에 비유한 이유다!). 셋째, 강하고 전인적인 헌신이라도 목적이 선하지 못하면 아무 것도 아니다. 그러므로 머레이는 "하나님이 그분의 구원 목적을 이루기 위해 정하신 방법"에 대한 헌신이어야 한다고 분명하게 말한다. 하나님의 백성은 하나님의 영광에 이르기까지 하나님의 방법, "특히 말씀과 성례와 기도"³⁾로 하나님의 은혜 가운데 인내한다.

빌립보서 3장 12절과 같이, 이 책 저자 가운데 완전한 성화(聖化)를 이미 이루었다고 말하는 사람은 없으며, 모두 예수께 잡힌 바 된 그것을 잡으려고 달려가는 중이라고 한다.

저자들은 모두 수십 년간 예수님과 동행했다. 헬렌 로저비어는 1925년에, 제리 브리지스는 1928년에, 존 맥아더는 1939년에, 존 파이퍼는 1946년에 태어났다. 이들보다 조금 젊은 랜디 알콘은 1954년에 태어났다.

나이와 상관없이, 모든 그리스도인은 결승선을 통과하길 원한다. 가까스로 결승선에 이르고 싶은 사람은 없으며, "모든 무거운 것과 얽매이기 쉬운 죄를 벗어 버리고 인내로써 우리 앞에 당한 경주를 하며 믿음의 주요 또 온전하게 하시는 이인 예수를 바라보길" 원한다(히 12:1-2). 이렇게 할 수 있는 가장 좋은 방법 중 하나가 바로 오랜 세월을 그리스도와 함께 달려온 사람들 앞에 앉아 그들에게 배우는 것이다.

이 책을 읽는 모든 이들에게

성경에 기록된 많은 축복의 글들은 하나님의 지키심과 우리의 인내에 관련한다. 이 책을 읽는 모든 사람들에게 다음과 같은 축복이 임하길 기도한다.

여호와는 네게 복을 주시고 너를 지키시기를 원하며(민 6:24).

평강의 하나님이 친히 너희를 온전히 거룩하게 하시고 또 너희의 온 영과 혼과 몸이 우리 주 예수 그리스도께서 강림하실 때에 흠 없게 보전되기를 원하노라 너희를 부르시는 이는 미쁘시니 그가 또한 이루시리라(살전 5:23-24).

양들의 큰 목자이신 우리 주 예수를 영원한 언약의 피로 죽은 자 가운데서 이끌어 내신 평강의 하나님이 모든 선한 일에 너희를 온전하게 하사 자기 뜻을 행하게 하시고 그 앞에 즐거운 것을 예수 그리스도로 말미암아 우리 가운데서 이루시기를 원하노라 영광이 그에게 세세무궁토록 있을지어다 아멘(히 13:20-21).

능히 너희를 보호하사 거침이 없게 하시고 너희로 그 영광 앞에 흠이 없이 기쁨으로 서게 하실 이 곧 우리 구주 홀로 하나이신 하나님께 우리 주 예수 그리스도로 말미암아 영광과 위엄과 권력과 권세가 영원 전부터 이제와 영원토록 있을지어다 아멘(유 24-25).

아멘.

저스틴 테일러(Justin Taylor)

Four Essentials for Finishing Well

우리는 어떻게 살아야 하는가?

제리 브리지스
Jerry Bridges

1장 | 믿음의 싸움에서 이기는 일상의 훈련

제리 브리지스는 우리 인생에서 믿음의 선한 싸움을 싸우고 끝맺음을 잘하려면 가장 기본적이고 근본적인 네 가지를 일상 가운데 지치지 않고 실천해야 한다고 말한다. 첫째, 매일 하나님과 인격적으로 교제하는 데 집중하는 시간을 가져라. 둘째, 매일 복음을 적용하라. 셋째, 매일 자신을 하나님께 산 제물로 드려라. 넷째, 하나님의 주권과 사랑을 굳게 믿어라. 브리지스는 인내할 뿐 아니라 견디는 것, 즉 굳게 설 뿐 아니라 결승선과 영광 가운데 계신 하나님을 향해 나아가는 것이 우리의 평생 삶의 목적임을 보여준다.

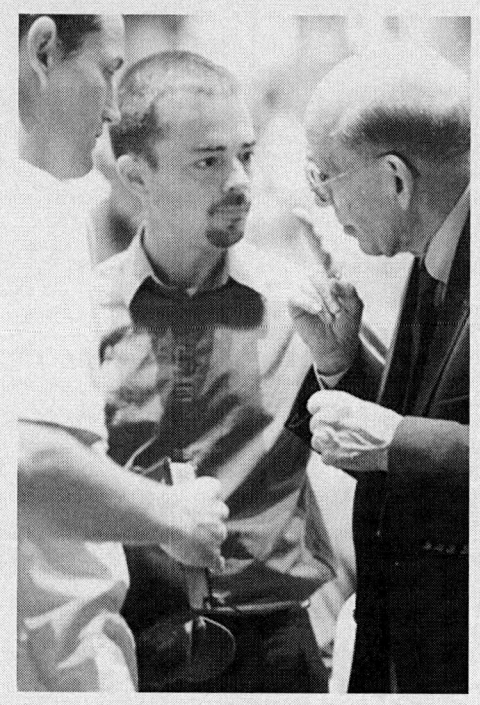

Jerry Bridges

제리 브리지스

> 나는 선한 싸움을 싸우고 나의 달려갈 길을 마치고
> 믿음을 지켰으니 (딤후 4:7)

성도의 인내와, 끝까지 견뎌 유종의 미를 거두는 일에 대해 성경에서 찾을 수 있는 가장 좋은 예는 사도 바울이다. 바울은 쇠사슬에 매인 채로 로마 감옥에 갇혀 임박한 처형을 예상하며 디모데에게 편지했다.

전제(奠祭, drink offering)와 같이 내가 벌써 부어지고 나의 떠날 시각이 가까웠도다 나는 선한 싸움을 싸우고 나의 달려갈 길을 마치고 믿음을 지켰으니 이제 후로는 나를 위하여 의의 면류관이 예비되었으므로 주 곧 의로우신 재판장이 그 날에 내게 주실 것이며 내게만 아니라 주의 나타나심을 사모하는 모든 자에게도니라 (딤후 4:6-8).

바울은 끝까지 견뎠으며 유종의 미를 거뒀다고 확신했다. 그러나 슬프게도 바로 뒤에서, 동역자 한 사람에 대해 이렇게 써야 했다.

데마는 이 세상을 사랑하여 나를 버리고 데살로니가로 갔고(딤후 4:10).

여기 스승과 제자로 동역했던 두 사람, 즉 바울과 데마가 있다. 한 사람은 끝까지 견디고 경주를 마쳤으며 의의 면류관을 고대했다. 한 사람은 중도에 포기하고 스승을 떠났으며, 그 후 아무 소식도 없었다. 데마가 결국 어떻게 됐는지 모른다. 그가 회개했는지도 알 길이 없다. 그러나 성경은 "데마는 이 세상을 사랑하여 나를 버리고 데살로니가로 갔다"는 사실로 끝을 맺는다. 빌레몬서 24절에서, 바울은 데마를 마가, 아리스다고, 누가와 더불어 자신의 동역자라고 부른다. 데마는 미래가 유망한 청년이었다. 그러나 우리가 아는 한, 데마는 끝까지 견디지 못했다.

데마 이야기는 젊은이들의 정신이 번쩍 들게 한다. 이 책을 읽는 많은 사람들이 젊고 예수 그리스도께 헌신된 제자들일 것이라고 믿는다. 하나님의 은혜로운 섭리로, 당신은 살아갈 날이 많으며, 결승선을 통과하고, 굳게 서며, 끝까지 견딜 거라고 기대한다. 그러나 데마도 그렇게 생각했었다. 처음에 바울과 합류할 때, 나중에 상황이 힘들어지면 그를 버리겠다고 생각하지 않았다. 데마 자신도 흔들리지 않고 유종의 미를 거두리라고 기대했을 것이다.

데마를 생각하면, 우리 나이 든 사람들도 정신이 번쩍 든다. 유명한 야구 선수였던 요기 베라(Yogi Berra)의 말처럼, 끝나기 전에는 끝난 게 아니기 때문이다. 나이가 꽤 들었다고 해서 당연히 유종의 미를 거두리라고 장담하지 못한다. 죽음을 맞는 날까지는 절대로 끝난 게 아니다. 그러므로 젊든 나이 들었든 간에, 우리 모두 데마의 교훈이 보여주는 경고에 주목해야 한다.

삶을 아름답게 끝맺기 위한 네 가지 비결

지난 몇 년 동안, 어떻게 하면 유종의 미를 거둘지 많이 생각했다. 그 결과 여러 가지를 말할 수 있지만, 특별히 네 가지 비결이 있다는 결론에 이르렀다. 이 외에도 중요한 것들이 있지만, 나는 이 네 가지가 기본이라고 믿는다.

- 매일 하나님께 집중하는 시간을 가져라.
- 매일 복음을 적용하라.

- 매일 자신을 하나님께 산 제물로 드려라.
- 하나님의 주권과 사랑을 굳게 믿어라.

이 네 가지 비결은 우리가 반드시 해야 하거나 믿어야 하는 것이다. 그러나 이 모든 것 위에 하나님의 은혜가 있다. "나는 선한 싸움을 싸우고 내 달려갈 길을 마치고 믿음을 지켰으니"라고 말했던 바로 그 사도가 "그러나 내가 나 된 것은 하나님의 은혜로 된 것이니"라고도 했다(고전 15:10). 바울은 자신의 모든 인내와 충성을 하나님의 은혜로 돌렸다. 그러므로 우리도 자신의 책임을 살필 때 오직 하나님의 은혜로만 감당할 수 있음을 명심해야 한다.

사람들은 하나님의 은혜를 자주 오해한다. 내가 생각하기에, 하나님의 은혜에 대한 가장 일반적인 오해 가운데 하나는 이것이다. "하나님이 나를 봐주시나 봐요. 몇 가지 일에 대해 나를 벌하지 않으시는 게 은혜죠." 하나님의 은혜는 절대 이런 게 아니다. 하나님의 은혜는 예수 그리스도를 통해, 그분이 죄 없는 삶을 사셨고 우리의 죄를 담당하신 결과로 우리에게 임한다. 그러나 하나님의 은혜는 단순히 우리를 향한 하나님의 친절이나 온정어린 느낌이 아니다. 하나님의 은혜는 역동적이다. 하나님의 은혜는 하나님이 우리의 유익을 위해 취하시는 행동이다. 그러므로 사도 바울이 "내가 나 된 것은 하나님의 은혜로

된 것이니"라고 했을 때, 우리가 하나님을 위해 살려고 할 때 우리 각자에게 은혜로 공급하시는 성령의 능력을 말한다. 그러므로 우리도 자신의 책임을 살필 때 오직 하나님의 은혜로만 감당할 수 있음을 명심해야 한다. 존 뉴튼(John Newton, 1725-1807)은 많은 사랑을 받은 "놀라운 은혜"(Amazing Grace, "나 같은 죄인 살리신")라는 찬송에서, "지금까지 은혜가 나를 안전하게 인도했고, 은혜가 나를 본향으로 인도하리라"라고 노래했다(한글 가사는 "이제껏 내가 산 것도 주님의 은혜라. 또 나를 장차 본향에 인도해 주시리"). 마지막 날에 모든 것을 다 살핀 후, 우리는 각자의 성실한 믿음을 하나님의 은혜로 돌린다. 그러므로 우리는 이 네 가지 비결을 살필 때 오직 하나님의 은혜로만 실천할 수 있음을 명심해야 한다. 이제 하나씩 살펴보자.

매일 하나님께 집중하는 시간을 가져라

첫째 비결은 매일 하나님과 인격적인 교제에 집중하는 시간을 갖는 것이다. 로렌스 형제의 영적 통찰이 담긴 『하나님의 임재연습』이라는 고전을 잘 알 것이다. 하나님의 임재를 체험하는 연습이야말로 우리가 길러야할 탁월한 습관이다. 그러나 이러한 연습의 기초는 하나님과 인격적인 교제에 집중하는 시간을, 그것도 매일 갖는 것이다. 데마는 하루아침에 돌아선 게 아니다. 이런 일은 갑자기 일어나지 않는다. 데마는 세상에 조금씩, 조금씩 끌렸다. 매일 하나님과 인격적으로 교제하는 데 집중하는 훈련을 하지 않으면 우리도 똑같이 잘못된 방향으로 표류하게 된다.

내가 해군에 복무하던 시절에는 위성항법장치가 없었다. 그래서 색스톤(sexton)이라는 기구를 이용해 하루 두 번 배의 위치와 항로를 확인했다. 해가 막 뜨기 시작할 무렵과 어둑할 무렵, 우리는 "별을 쏘고" 위치를 파악했다. 그러고나면 예외 없이 항로를 조금씩 교정해야 했다. 하루 두 번 중에 한 번이라도 생략하면 배는 곧 항로를 이탈했다.

우리도 매일 항로를 교정해야 하는데, 하나님께 집중하는 시간을 가짐으로써 가능하다. 데마는 이 세상을 사랑하게 되었다. 신자든 불신자든 간에, 우리는 각자 무엇인가를 사랑하게 된다. 데마는 세상을 사랑했다. 사도 요한은 "이 세상이나 세상에 있는 것들을 사랑하지 말라"고 했다(요일 2:15). 그러나 단순히 마음을 비워두는 것으로 "세상을 사랑하지 않는" 일이 가능해지지 않는다. 세상을 사랑하지 않으려면 하나님을 사랑해야 한다. 매일 하나님과의 교제에 집중하는 시간은, 하나님을 향한 우리의 사랑과 우리를 향한 하나님의 사랑이 우리의 마음에서 새로워지는 시간이다.

시편기자의 말을 생각해 보라. 시편 63편 1절에 이렇게 노래한다.

하나님이여 주는 나의 하나님이시라 내가 간절히 주를 찾되 물이 없어 마르고 황폐한 땅에서 내 영혼이 주를 갈망하며 내 육체가 주를 앙모하나이다.

'내가 간절히 주를 찾되,' '내 영혼이 주를 갈망하며,' '내 육체가 주를 앙모하나이다.' 얼마나 강렬한 표현인가! 단지 매일 성경을 읽고 기도 제목을 훑거나 '큐티'를 하거나 '아침 예배'를 드리는 것과는 차원이 다르다. 물론, 이런 일들이 가치 없다는 뜻이 아니다. 그러나 큐티의 목적은 단순히 성경 한 장을 읽고 기도 목록을 훑는 게 아니라는 사실을 명심하라. 오히려 큐티는 하나님과 인격적 교제를 나누는 시간이어야 한다. 분명한 계획이 필요하다. 그저 성경을 펼쳐 손가락으로 한 구절을 짚은 후 "오늘 내게 주신 말씀은 이거야!"라고 말하는 것으로는 안 된다.

그러나 하나님과의 교제는 계획을 한없이 초월한다. 하나님과의 교제는 하나님과의 만남이다. 하나님과의 교제는 우리에게 말씀해달라고 하나님께 구하는 일이다. 하나님과의 교제는 하나님의 말씀을 읽으며, 기도로 그분의 말씀과 교류하며, 하나님이 그분의 말씀을 통해 우리에게 하시는 말씀을 두고 기도하며 그분께 아뢰는 일이다.

시편 42편 1-2절도 비슷한 고백이다. "하나님이여 사슴이 시냇물을 찾기에 갈급함 같이 내 영혼이 주를 찾기에 갈급하나이다 내 영혼이 하나님 곧 살아 계시는 하나님을 갈망하나니 내가 어느 때에 나아가서 하나님의 얼굴을 뵈올까."

다윗도 시편 27편 4절에서 이렇게 말한다. "내가 여호와께 바라는 한 가지 일 그것을 구하리니 곧 내가 내 평생에 여호와의 집에 살면서 여호와의 아름다움을 바라보며 그의 성전에서 사모하는 그것이라." 하나님의 아름다움은 육체적인 아름다움이 아니다. 하나님의 아름다움은 그분의 속성이다. 하나님의 아름다움은 십자가의 아름다움이다. 하나님의 아름다움은 그분이 그리스도 안에서 우리를 위해 하신 일의 아름다움이다. 그래서 시편기자는 여호와의 아름다움을 바라보며, 하나님과 교제하고 싶다고 했다. 이것이 집중하는 것이다. 이 모든 구절은 하나님과 인격적 교제를 나누려는 강렬한 열망을 표현한다.

계획을 세우는 것이 유익하다. 그러나 그 계획이 우리를 하나님께로 인도해야 한다. 당신은 하나님과 시간을 보내는가 아니면 단지 성경 한 장을 읽을 뿐인가? 하나님과 시간을 보내는 데는 한 장이든 두 장이든 몇 장이든 성경 읽기가 틀림없이 포함된다. 성경 읽기의 목적은 하나님과 만나며, 하나님이 우리에게 말씀하시는 것을 들으며, 그분의 말씀에 반응하는 것이다.

나는 매일 성경을 펼 때마다 기도한다. "주님, 오늘 주님과 시간을 보내길 원합니다. 주님의 말씀으로 제게 말씀하시지 않겠습니까? 제게 용기를 주시지 않겠습니까? 저를 가르쳐 주시지 않겠습니까? 필요하다면 저를 꾸짖어 주시지 않겠습니까? 주님, 주님이 보시기에 오늘 제게 무엇이 부족하든 간에, 저는 주님과 시간을 보내려 합니다." 나는 이렇게 고백한 후, 성경을 읽으면서 기록된 부분에 대해 하나님께 반응한다. 그리고 읽은 구절에 적합한 기도를 하나님께 드린다.

시편을 읽고 있다면, 대부분의 시가 하나님께 말하거나 하나님에 관해 말하고 있다는 사실을 눈치 챌 것이다. 대체로, 시편기자는 하나님에게 말한다. 때로는 기뻐하고, 때로는 슬퍼한다. 예를 들면, 이렇게 말한다. "하나님, 왜 주님의 얼굴을 제게 보여주지 않고 숨기십니까?" (시 88:4 참조). 시편기자는 하나님과 교류한다. 이것이 우리가 하고 싶은 일이다. 우리가 날마다 이렇게 하나님과 인격적 교제를 나누려 할 때, 하나님은 우리의 항로를 교정하시고, 우리가 인생 항로를 이탈하지 않으려면 어떻게 해야 하는지 보여주신다. 그러므로 우리가 끝까지 견디려면, 날마다 하나님과 교제하기 위해 집중하는 시간을 연습 또는 훈련해야 한다.

1988년, 나의 아내가 오랜 암 투병 끝에 죽어가고 있었다. 어느 날 아침, 아내의 죽음이 임박했다는 현실과 싸우고 있을 때, 시편 116편

15절 말씀이 떠올랐다. "성도의 죽는 것을 여호와께서 귀중히 보시는 도다"(한글개역). 이 말씀이 떠오르는 순간, 하나님이 아내에게 일어나는 일에 관심이 있으시다는 사실을 깨달았다. 나는 사랑하는 사람을 잃게 된다. 그러나 하나님은 집으로 돌아오는 자녀를 맞이하신다.

열다섯 살짜리 아들이 여름에 11주 동안 단기 선교를 떠났을 때, 집으로 돌아올 날만을 목을 빼고 기다리던 일이 생각났다. 거짓말처럼 들리겠지만, 하나님께서 자녀들이 집으로 돌아올 때를 목을 빼고 기다리신다는 사실을 깨달았다. "주의 앞에는 충만한 기쁨이 있고 주의 오른쪽에는 영원한 즐거움이 있나이다"라는 시편 16편 11절 말씀이 떠올랐다. 이 구절을 놓고 기도하면서, 아내가 하나님 앞에 서는 말할 수 없는 기쁨을 이제 곧 체험하리라는 것을 깨달았다.

하나님께 계속 기도하면서 이렇게 아뢰었다. "아버지, 아버지께서는 집으로 돌아오는 자녀를 맞으시고, 아내는 영원히 아버지와 함께하게 되겠지만 저는 어떻게 합니까?" 바로 그 순간 데살로니가전서 4장 13절 말씀이 떠올랐다. "이는 (너희가) 소망 없는 다른 이와 같이 슬퍼하시 않게 하려 함이라."

하나님에게서, 그분의 말씀을 통해 이러한 확신을 얻었기에 아내를 편안히 놓아줄 수 있었다. 2주 후, 아내는 세상을 떠났다. 나는 아내의 죽음이 슬펐으나 소망 없는 사람들처럼 슬퍼하지는 않았다. 한편으로, 하나님은 집으로 돌아오는 자녀를 기쁨으로 맞으셨고 아내는 영원히 하나님과 함께 하리라는 확신에서 위로를 얻었다.

너무나 많은 사람들이 사랑하는 사람을 잃은 후 느끼는 다양한 단계의 슬픔을 나는 전혀 느끼지 않았다. 나는 하나님께 전혀 화를 내지도 않았으며, 우울한 나날을 보내지도 않았다. 한 주 정도 지난 후, 일상으로 돌아와 내가 해야 할 일을 할 수 있었다. 이 모든 것이 오랫동안 매일 하나님과 인격적 교제를 나누는 연습을 착실히 한 결과였다.

여기서 한 가지 경고를 해야겠다. 하나님과 교제하는 시간에 대해 율법주의적 태도를 취하지 않도록 주의해야 한다. 다시 말해, 우리가 이런 시간을 갖는다고 하나님의 축복을 버는 게 아니며, 하루쯤 빼먹었다고 하나님의 축복을 잃지도 않는다. 우리가 하나님과 시간을 보내기 **때문에** 하나님이 우리를 축복하시지는 않는다. 그러나 내 아내가 죽음을 앞두었을 때처럼, 하나님은 많은 경우 이런 시간을 **통해** 우리를 축복하신다.

내가 그날 체험했던 것처럼, 하나님이 항상 아주 극적인 방법으로 그분의 말씀을 통해 우리에게 말씀하시리라고 기대해서도 안 된다. 항로를 교정할 때처럼, 하나님도 특별히 극적인 방법이 아니라 대개는 점진적으로 우리 삶의 영적 항로를 교정하신다. 그러나 이러한 항로 교정은 반드시 필요하다.

매일 복음을 적용하라

둘째 비결은 매일 복음을 적용하는 것이다. 하나님과의 인격적 교제를 첫째 자리에 둔 이유는 그것이 절대적이고 기본적이기에 그 우선순위를 강조하기 위해서였다. 그러나 실행에 옮길 때는 날마다 복음을 적용하는 일이 가장 우선한다. 이를테면, 나는 복음을 나 자신에게 다시 설명하고 적용하면서 하나님과 함께하는 시간을 시작한다. 복음은 죄인만을 위한 것이므로, 나는 여전히 죄를 범하는 죄인으로 그리스도께 나온다. 사실, 나는 세리가 성전에서 울부짖으며 했던 기도를 자주한다. "하나님이여, 불쌍히 여기소서. 나는 죄인이로소이다"(눅 18:13). 하나님은 자비로우시기 때문에, 나는 삶 속에서 하나님의 자비를 재빨리 인정한다. 그러나 나는 세리의 자세로 하나님 앞에 나왔음을 그분께 아뢴다. "하나님의 자비가 필요합니다. 저는 여전히 범죄하는 죄인입니다. 저의 가장 선한 행위도 하나님이 보시기에는 악하며, 저는 하나님의 자비와 은혜가 필요한 사람입니다."

무엇보다도 복음을 적용함으로써 하나님께 나오는 게 중요하다. 왜냐하면 우리는 그리스도를 통해 하나님 아버지께 나아가기 때문이다. 바울은 에베소서 2장 18절에서 이렇게 말한다. "이는 그로 말미암아 우리 둘(유대인과 이방인)이 한 성령 안에서 아버지께 나아감을 얻게 하려

하심이라." 우리는 하나님께 직접 나아가지 못한다. 언제나 주 예수 그리스도의 피를 통해 하나님께 나가야 한다. 그러나 하나님은 우리가 그분께 나오도록 '**허락**' 하실 뿐 아니라 '**초대**' **하신다**. 히브리서 기자는 이렇게 말한다.

그러므로 형제들아 우리가 예수의 피를 힘입어 성소에 들어갈 담력을 얻었나니 그 길은 우리를 위하여 휘장 가운데로 열어 놓으신 새로운 살 길이요 휘장은 곧 그의 육체니라 또 하나님의 집 다스리는 큰 제사장이 계시매 우리가 마음에 뿌림을 받아 악한 양심으로부터 벗어나고 몸은 맑은 물로 씻음을 받았으니 참 마음과 온전한 믿음으로 하나님께 나아가자(히 10:19-22).

그러므로 우리가 복음을 적용할 때, 복음은 하나님과의 교제를 위해 그분 앞에 나아갈 담력과 확신을 준다. 따라서 우리는 매일을 복음으로 사는 법을 배워야 한다.

새내기 그리스도인이었을 때뿐 아니라 사역 초기에도, 나는 복음을 불신자를 위한 메시지로만 여겼다. 나는 그리스도인이 되었으므로 복음은 불신자들과 나눌 메시지로서 필요했을 뿐 개인적으로는 더 이상 필요하지 않았다. 그러나 시간이 흐른 뒤에 내게도 날마다 삶에서 복음이 필요하다는 사실을 어렵게 깨달았다.

그때 나는 독신으로 해외에 복무 중이어서 외로웠다. 게다가 대인 관계도 문제가 있었다. 월요일 밤마다, 집에서 차로 한 시간 정도 걸리는 미공군기지에서 성경공부를 인도했다. 월요일 밤마다 차를 몰고 집으로 돌아올 때면, 사탄이 내 죄를 들먹이며 공격했다. 나는 필사적으로 복음을 의지하기 시작했다. 나중에 배운 표현을 사용하자면, "나 자신에게 복음을 전하기" 시작했다. 그 후로, 내게도 매일의 삶에 끊임없이 복음이 필요하다는 사실을 깨달았다. 이러한 훈련을 네 가지 비결 가운데 하나로 든 이유도 여기 있다.

바울이 갈라디아서 2장 20절에서 한 말을 생각해 보라.

내가 그리스도와 함께 십자가에 못 박혔나니 그런즉 이제는 내가 사는 것이 아니요 오직 내 안에 그리스도께서 사시는 것이라 이제 내가 육체 가운데 사는 것은 나를 사랑하사 나를 위하여 자기 자신을 버리신 하나님의 아들을 믿는 믿음 안에서 사는 것이라.

이 구절이 속한 문맥의 주제는 칭의(稱義)다. 15-17절에서, 바울은 우리가 의롭게 되었다고 네 차례나 말한다. 바울은 우리가 율법의 행위가 아니라 예수 그리스도를 믿는 믿음으로 의롭게 되었다고 하며, 이러한 생각을 거듭 표현한다. 그리고 21절에서 이렇게 말한다. "내가 하나님의 은혜를 폐하지 아니하노니 만일 의롭게 되는 것이 율법으로 말미암으면 그리스도께서 헛되이 죽으셨느니라." 전체 단락(15-21절)에서, 바울은 칭의를 말한다. 바울은 나중에 성화(聖化)를 말하지만, 여기에서는 하지 않는다. 이런 사실을 지적하는 이유는, 특히 20절의 마지막 부분에 집중할 것을 바라기 때문이다. "이제 내가 육체 가운데 사는 것은 나를 사랑하사 나를 위하여 자기 자신을 버리신 하나님의 아들을 믿는 믿음 안에서 사는 것이라." 기억하라. 여기에서 바울은 성화가 아니라 칭의를 말한다.

이 사실은 한 가지 분명한 문제 혹은 의문을 일으킨다. 다시 말해, 우리는 칭의가 과거의 한 시점에서 일어난 사건임을 안다. 우리가 그리스도를 믿는 바로 그 순간에 하나님은 우리가 의롭다고 선언하셨다. 바울이 로마서 5장 1절에서 "그러므로 우리가 믿음으로 의롭다 하심을 받았으니 우리 주 예수 그리스도로 말미암아 하나님과 화평을 누리자"라고 하면서 칭의를 과거 시제로 말한 이유가 여기 있다. 그러나 바울이 여기(갈 2:20)에서는 "이제(오늘) 내가 육체 가운데 사는 것"이라고 하면서 칭의를 현재 시제로 말한다. 내가 지금 사는 것은 "나를 사랑하사 나를 위하여 자기 자신을 버리신 하나님의 아들을 믿는 믿음 안에서 사는 것이라." 칭의가 과거에 어느 시점에 일어난 사건이라면, 왜 바울은 칭의를 현재 시제로 말하는가? 내가 **'지금'** 사는 것은 하나님의 아들을 믿는 믿음 안에서 사는 것이다.

이 질문의 답은 우리가 복음에 관해 배울 수 있는 가장 중요한 진리 가운데 하나다. 사도 바울에게, 칭의는 **'과거의 사건'** 일 뿐 아니라 **'현재의 실재'** 이기도 했다. 너무나 많은 그리스도인들이 이 부분을 놓친다. 사람들은 자신이 그리스도를 믿은 순간을 되돌아본다. 그리고 "맞아요, 제가 그때 의롭다함을 받았어요!" 라고 말한다. 그러나 오늘은 칭의가 마치 자신의 삶에 의해서 결정되는 것처럼 살려고 한다. 하나님과의 관계를 성과에 의해 좌우되는 것으로 여긴다. 그래서 이렇게 생각한다. "내가 큐티를 하고, 정욕을 품지 않으면 오늘 하나님이 나를 축복하실 거야!" 우리는 신세지기 싫어한다. 하나님의 축복을 나의 노력으로 벌고(earn) 싶어 한다.

그러나 사도 바울은 그러지 않았다. 바울은 자신의 밖을 보았으며, 자신이 그리스도의 의를 입은 것을 알았다. 바울은 자신이 의롭다고 선포되는 것을 보았다. 우리는 그리스도를 믿는 사람에게 이렇게 말한다. "당신은 의로워졌습니다. 당신은 의롭다고 선포되었습니다. 당신의 죄는 용서되었습니다. 당신은 오늘 예수 그리스도의 의를 입은 채 하나님 앞에 서 있습니다."

그런 다음 영원을 가리키며 이렇게 말할 수 있다. "당신이 영원히 주님과 함께 하게 될 때에도 예수 그리스도의 의를 입은 채 서게 될 것입니다." 우리가 죄악된 본성을 버렸더라도, 히브리서 기자가 말하듯이 (히 12:23) 온전해진 의인이 되더라도, 우리는 영원히 그리스도의 의를 입고 설 것이다. 이것은 절대 변하지 않는다.

그러나 우리가 회심 후부터 주님과 함께 할 때까지는 어떻게 되는가? 대부분의 그리스도인에게, 이 시기에 하나님과의 관계는 성과 관계다. 우리가 매일 복음을 적용해야 하는 이유가 여기 있다. 이루어낸 결실을 따지는 성과 관계로 떠밀리는 게 우리의 본성이기 때문이다. 태평양을 건너며 하루에 항로를 두 번씩 교정했던 때로 돌아가 생각해 보면, 매일 항로를 교정하지 않으면 서서히 항로를 이탈했을 것이다. 우리가 매일 복음을 적용하지 않으면, 우리와 하나님의 관계가 성과 관계로 표류할 것이다. 이렇게 되면, 우리는 둘 중 한 쪽으로 가게 된다. 그 한쪽은, 죄를 아주 피상적으로 보고, 다시 말해 죄를 사회에서 다른 사람들이 짓는 큰 죄라는 면에서 생각하여 자신은 그런 죄를 짓지 않는다고 해서 종교적 교만에 빠진다. 다른 한쪽은, 양심적일 경우에 험담과 교만과 질투와 시기와 비판 등을 "무시할 수 없는" 죄로 보고, 이런 죄를 짓고 복음대로 살지 않으면 절망에 빠진다. 이런 이유로 두 번째 부류에 속하는 사람들은 긴장을 해결하지 못하기 때문에, 말하자면 손을 놓는다. 이들은 자기가 아는 자신의 바람직한 모습과 자기가 솔직히 인정하는 자신의 모습의 차이를 해결하지 못한다.

복음이 이러한 긴장을 해결한다. 왜냐하면 복음은 우리 죄가 용서되었고, 우리가 예수 그리스도로 옷 입었다는 사실을 상기시키기 때문이다. 그와 동시에, 복음은 우리를 영적 교만으로부터 지켜준다. 왜냐하면 복음은 죄인만을 위한 것이기 때문이다. 우리는 죄의 책임과 지배로부터 해방되었더라도 여전히 죄인이며, 여전히 범죄하는 죄인이다. 그렇다. 이것은 사실이다. 우리는 이제 **성도**, 구별된 자라 불린다. 그러나 여전히 생각과 말과 행동, 무엇보다도 동기로 죄를 짓는다. 왜냐하면 잘못된 이유에서, 또는 잘못된 동기가 뒤섞인 상태에서 옳은 일을 할 때가 많기 때문이다. 우리는 하나님을 기쁘시게 하고 싶지만 그 과정에서 선하게 보이고 싶어 한다. 그래서 주님께 나와 이렇게 말한다. "주님, 여전히 범죄하는 죄인으로 주님 앞에 왔지만 예수 그리스도와 그분이 흘리신 보혈과 그분의 완전한 순종과 제게 전가된 그분의 의로운 삶을 바라봅니다. 그리고 그분의 의를 입은 채 당신 앞에 서 있는 제 모습을 봅니다."

우리는 매일 아침 그리스도의 의를 입은 채 잠자리에서 일어난다. 우리가 날마다 그리스도의 의를 입는 모습을 볼 때, 우리는 그리스도의 삶에 흥분하게 된다. 그리고 세상을 사랑하지 않게 된다. 우리는 복음과 세상을 동시에 사랑하지 못한다. 그러므로 날마다 복음을 적용하면 항로를 이탈하지 않는다.

백여 년 전에 프린스턴 신학교 교수인 워필드(B. B. Warfield)라는 훌륭한 신학자가 이런 글을 남겼다. "우리가 세상에서 살아가는 그 어느 단계에서라도 우리 속에, 또는 우리의 행위 속에는 하나님이 우리를 받아들이시게 할 만한 게 하나도 없다." 워필드는 우리의 어떤 행위도 하나님이 우리를 받아들이시게 하지 못한다고 말한다. 그는 이어서 이렇게 말한다. "하나님이 우리를 받아들이시는 이유는 언제나 그리스도이며, 그게 아니라면 우리는 전혀 받아들여질 수 없다." 그리고 아주 중요한 말을 한다. "이것은 우리가 믿을 때만 적용되는 게 아니다. 우리가 믿은 후에도 적용된다. 우리가 사는 동안 항상 적용된다. 우리가 믿는다고 해서 그리스도가 필요 없어지는 게 아니다. 우리가 그리스도인의 은혜를 통해 무엇을 이루고 그리스도인의 행동을 통해 무엇을 성취하든 간에, 우리와 그리스도의 관계 그리고 그리스도를 통해 하나님과 갖는 관계의 성격은 변하지 않는다."[1] 이 말은 우리가 얼마나 성화되느냐가 문제가 아니라는 뜻이다. 우리가 그리스도인의 삶에서 얼마나 성장하느냐는 문제가 아니다. 워필드는 우리가 의지할 수 있는 대상은 언제나 그리스도의 피와 의뿐이라고 말한다.

내가 자주 씨름하는 죄 가운데 하나는 염려다. 일반적인 염려가 아니라 늦게 도착하는 비행기 수화물에 대한 염려다. 내 짐이 내가 탄 비행기와 함께 도착하지 않는 경우가 얼마나 많았던지, 이제는 더 이상

내 짐이 나와 함께 도착할 거라고 기대하지 않는다. 나는 수화물 찾는 곳에 갈 때마다 염려의 죄를 이기게 해달라고 기도해야 한다.

몇 년 전, 정말 안 좋은 일을 연속으로 겪은 후 아내에게 말했다. "여보, 난 어쩔 수 없는 염려의 사람인 거 같아요!" 그러고는 다음날 아침, 하나님과 함께 하는 시간에 마태복음 8장을 읽었다. 마태복음 8장에는 예수님과 제자들이 갈릴리 호수에서 큰 폭풍을 만난 사건도 나온다. 24절은 큰 폭풍이 일어나 "배가 물결에 덮이게 되었으되 **예수께서는 주무시는지라**"라고 말한다. 나는 제자들이 거친 폭풍 속에서 두려움에 떠는데 예수님은 주무시고 계셨다는 말에 주목했다.

이 장면을 떠올리는데 **예수님이 나를 위해 배에서 주무시고 계셨다**는 생각이 들었다. 예수님이 죄 없는 삶과 죄를 지신 죽음으로 행하신 모든 일이 우리를 대신한 일이었다는 뜻이다. 예수님의 죽음뿐 아니라 완전한 순종은 모두 우리 대신이었다. 오지 않는 수화물을 염려하는 내 죄와는 대조적으로, 예수님은 절대 염려하지 않으셨다. 나보다 훨씬 더 절망적인 상황에서도, 예수님은 하늘에 계신 아버지를 온전히 신뢰하셨다. 그런데 그 공로가 내게 전가된다. 자신의 죽음으로, 예수님은 내가 지은 근심의 죄 값을 지불하셨다. 자신의 완전한 신뢰로, 예수님은 내게 그분의 의를 입히셨다.

그날 아침, 내가 염려와 끈질기게 싸웠기에 죄책감을 느끼지 않고 하나님과 함께 하는 시간을 끝낸 게 아니라, 내 죄가 용서되었고 대신에 예수님의 완전한 순종(이 경우에는 완전한 신뢰)의 공로가 내게 전가되었다는 사실을 알았기에 용기를 갖고 그 시간을 마무리했다. 그 결과 나는 용기백배하여 하루를 시작했을 뿐 아니라 그분의 은혜로 염려와 싸우겠다고 결심했다.

이것이 바로 복음으로 산다는 뜻이다. 이것이 바로 매일의 삶에서 복음을 적용해야 하는 이유다. 왜냐하면 하나님은 오직 그리스도 때문에 우리를 받아들이시기 때문이다. 하나님은 우리가 그리스도의 의로 옷 입으신 것을 보시며, 우리가 그리스도의 의로 옷 입은 자신을 보길 원하신다. 그러면 우리는 이를 바탕으로 하나님께 나아가, 자신의 행위가 아니라 주 예수 그리스도의 공로를 통해 하나님과의 관계를 구할 것이다.

우리 모두에게는 죄악된 본성이 있으며 따라서 행위에 기초한 하나님과의 관계에 빠지기 쉽다. 나는 이런 종류의 메시지를 오랫동안 전했다. 그럼에도 솔직히 죄악된 인간 본성 때문에 나 자신도 이런 관계로 쉽게 돌아가려고 한다. 우리의 본성은 힘든 노력이나 신실함을 통해 하나님의 사랑을 벌어야(earn)한다고 생각한다. 이제 우리는 신실하기 원하며, 열심히 일하길 원한다. 그러나 이것은 하나님의 인정을 벌기 위해서가 아니라 하나님의 인정을 받았기 때문이다. 그러므로 매일 복음을 적용하는 것이 끝까지 견디는 비결이다.

매일 자신을 하나님께 산 제물로 드려라

셋째 비결은 매일 자신을 하나님께 산 제물로 드리는 것이다. 이 부분에 관해서라면 로마서 12장 1절을 살펴보아야 한다.

그러므로 형제들아 내가 하나님의 모든 자비하심으로 너희를 권하노니 (appeal) 너희 몸을 하나님이 기뻐하시는 거룩한 산 제물로 드리라 이는 너희가 드릴 영적 예배니라.

매일 복음을 묵상하고 하나님이 그리스도 안에서 우리를 위해 하신 일을 묵상하면, 자연스럽게 자신을 날마다 산 제물로 드리게 된다.
바울은 '**제물**(sacrifice, 제사, 희생)'이라는 단어를 사용하면서 구약의 제사 제도를 염두에 둔 게 분명하다. 우리를 위해 제정된 각종 제사 제도는 레위기에 나오는데, 모든 제사는 큰 제물이신 주 예수 그리스도를 상징한다. 바울이 특정 제사를 염두에 두었는지에 관계없이, 그 가운데 하나가 바울이 우리 몸을 산 제물로 드리라고 할 때 의미하는 바를 이해하는 데 가장 큰 도움이 될 것이다. 번제가 바로 그것이다. 번제가 바울이 말하려는 바를 이해하는 데 도움이 된다고 생각한 이유는 번제에는 특별한 두 가지가 있기 때문이다. 첫째, 모든 동물 제사 가운데 동물을 제단에서 완전히 태우는 제사는 번제뿐이다. 나머지 제사의 경우, 특정 부위를 제단에서 태우고 나머지 부위는 제사장들 또는 제사장과 그 가족을 위해 남겨둔다. 그러나 번제의 경우, 동물 전체를 제단에서 태운다. 이런 이유 때문에 번제를 온전한 제사라 불렀다. 그리고 이것은 죄의 대속(代贖)을 상징했을 뿐 아니라 제사장이 하나님께 성별(聖別)되거나 바쳐졌다는 뜻이기도 했다. 또한 제사를 맡은 제사장들은 제단의 불이 꺼지지 않도록 아침저녁으로 하루에 두 차례 번제를 드려야 했다(레 6:8-13 참조.). 바꾸어 말하면, 제단에서는 번제가 항상 끊이지 않아야 했다. 이런 이유 때문에 번제를 상번제(常燔祭)라 불렀다. 그래서 두 가지 용어로 기술했다. 하나는 온전한 번제고, 다른 하나는 상번제다. 이것을 우리의 삶에 적용하기란 그리 어렵지 않을 것이다.

첫째, 온전한 번제는 우리가 **우리의 전 존재**를, 우리 자신뿐 아니라 우리의 모든 소유를 거룩하게 구별해야 한다는 뜻이다. 우리와 관련된 전부를 구별하며, 하나님께 바치고, 그분께 제물로 드려야 한다. 그다음으로, 상번제(레 6:13; 히 10:1)라는 단어의 뜻으로도 알 수 있듯이 이런 행위가 늘 반복되어야 한다. 우리는 행위에 기초한 하나님과의 관계로 돌아가려는 경향이 있듯이, 하나님께 드린 것을 되돌려 받으려는 경향도 있다. 우리는 영적 감정이 고조되었을 때 진지하고 정직한 마음으로 이런 말을 자주 한다. "주님, 내 전부를, 내 몸과 내 마음과 내 섬김과 내 돈과 내 전부를 드립니다. 주님, 이 모두를 주님께 성별해 드립니다." 그런 다음, 우리는 몇 주를 살면서 문제에 부딪히고 뒤로 물러나며, 자신이 생각만큼 성별되지 않았음을 깨닫는다. 자신을 날마다 새롭게 성별하면 이런 일을 막는 데 도움이 된다.

로마서 12장 1절에서 중요한 두 번째 단어는 "드리다"다. 바울은 "너희 몸을 … 산 제물로 **드리라**" 하고 말한다. 몇몇 번역은 다른 단어를 사용하지만, 어떤 단어를 사용하든 간에, 의미는 다른 사람에게 주거나 맡기라는 것이다.

몇 년 전, 첫 출산을 기다리는 아들 내외에게 교통수단이라고는 픽업트럭뿐이었다. 아내와 나는 픽업트럭에는 베이비 시트를 설치하지 못한다는 사실을 알았다. 아들은 엔지니어였으나 지역의 많은 무슬림을 위한 사역에 더 많은 시간을 내기 위해 지역 대학에서 시간 강사로 일하고 있었다. 그들은 차를 더 살 여유가 없었다. 우리는 이 사실을 알고 우리 차 두 대 중 한 대를 주기로 결정했다. 우리는 관련 서류를 챙겨 차를 몰고 아들이 사는 도시로 갔다. 그리고 아들과 며느리에게 자동차를 양도한다는 서류에 서명했다. 그 순간, 그 자동차는 법적으로 그들의 소유가 되었다. 우리는 자동차를 그들에게 선물했다.

우리는 자동차를 법적으로 그들에게 넘겼을 뿐 아니라 정서적으로도 그렇게 했다. 다시 말해, 우리가 일단 양도 서류에 서명하고 자동차를 넘기자, 우리 마음에서도 이제 그 차는 그들의 소유였으며 그들이 마음대로 쓸 수 있었다. 그들은 한 두 해 후면 미국을 떠나 해외에 선교사로 나갈 것이며, 우리도 이것을 알았다. 그때가 되면 그들이 자동차를 팔아 여비로 쓰리라는 것도 알았다. 그러나 "쟤들이 자동차를 팔면 그 돈은 우리 거야! 어쨌든 우리 차였으니까!"라는 생각은 전혀 들지 않았다. 서류에 서명했을 때, 우리는 법적 처리뿐 아니라 정서적 처리도 했다.

수년이 지난 후, 그들이 3개월간의 휴가를 얻어 집으로 돌아왔다. 이번에도 아내와 나는 그들에게 차가 필요하다는 사실을 알았다. 이전에 그들에게 선물한 차 대신에 차를 한 대 더 샀었다. 그래서 다시 차가 두 대였다. 그래서 한 대를 빌려주기로 했다. 우연히도 그들에게 빌려준 차는 내 차였다. 차를 빌려준 3개월 동안, 나는 심정이 복잡했다. 그들에게 필요한 자동차를 제공할 수 있다는 사실이 기뻤지만, 차가 필요할 때마다 아내에게 부탁하고 빌려 타야 했기 때문에 내 차가 그리웠다.

하나님은 우리 자신을 그분에게 잠시 빌려달라고 요구하지 않으셨다. 우리 자신을 그분 마음대로 쓸 수 있도록 산 제물로 드리라고 요구하셨다. 사실, 이 일은 이미 실제로 일어났다. 사도 바울은 고린도전서 6장 19-20절에서 우리에게 이렇게 말한다. "너희는 너희 자신의 것이 아니라 값으로 산 것이 되었으니." 바울은 실제 사실을 우리가 마음과 가슴으로 확정하길 원하지만 권고의 방법으로 이 일에 접근한다. 바울은 "이것이 너희의 의무다."라고 말하지 않는다. "너희는 너희 자신의 것이 아니다. 이 문제에 대해서는 너희에게 선택권이 없다."라고 말하지 않는다. 바울은 "내가 하나님의 모든 자비하심으로 너희를 권하노니"라고 말한다.

바울이 빌레몬에게 보낸 짧은 편지에서도 비슷한 경우를 볼 수 있다. 빌레몬서를 보면, 빌레몬에게 오네시모라는 노예가 있었다. 그런데 바울이 이 편지를 쓰기 전 어느 시점에, 오네시모가 빌레몬을 떠났으며 아마도 그의 소유를 훔쳤을 것이다. 오네시모는 지금의 터키에서 그리스를 거쳐 이탈리아까지 갔으며, 로마에서 첫 번째 투옥 중이던 바울을 만났다. 바울은 오네시모를 그리스도께로 인도했고, 그를 세사로 훈련시켰다. 그러나 바울은 한 가지 문제가 있음을 깨달았다. 오네시모는 빌레몬과의 관계를 바로잡아야 했다. 그래서 바울은 오네시모를 이 편지와 함께 빌레몬에게 돌려보냈다. 이 편지의 목적은 빌레몬에게 오네시모를 받아들이고, 그가 도망친 것과 아마도 그의 소유까지 훔친 일을 용서해 주며, 그를 용서할 뿐 아니라 이제는 형제로 받아들이도록 부탁하는 데 있었다. 결코 쉽지 않은 부탁이었기 때문에, 바울은 이 문제에 이렇게 접근한다. "이러므로 내가 그리스도 안에서 아주 담대하게 네게 마땅한 일로 명할 수도 있으나 도리어 사랑으로써 간구하노라"(몬 8-9절). 바울은 이렇게 말할 수도 있었다. "빌레몬 형제님, 사실 형제님에게는 선택권이 없습니다. 오네시모를 용서하고 받아들이는 것은 형제님이 그리스도인으로서 해야 할 의무입니다." 그러나 바울은 빌레몬에게 그런 식으로 접근하지 않았다. 대신에 "사랑으로" 간청했다. 바울은 빌레몬이 기쁜 마음으로 의무를 행하길 원했다. 바울은 빌레몬에게 강요하길 원하지 않았다. 그래서 빌레몬에게 하나님의 명령에 순종할 때처럼 사랑으로 오네시모를 용서하고 받아들이라고 호소했다.

이와 마찬가지로, 사도 바울은 우리에게 호소한다. "내가 하나님의 모든 자비하심으로 너희를 권하노니." 하나님의 자비가 무엇인지 알고 싶은가? 에베소서 2장 1-5절을 읽어보라. 우리는 죄와 허물로 죽었다. 우리는 완전히 무기력했다. 우리는 단지 병든 게 아니었다. 우리는 죽었다. 우리는 세상과 사탄과 우리 육체의 욕심에 사로잡힌 노예였다. 그리고 본질상 하나님의 진노의 대상이었다. 그때 바울이 말한다. "**그러나** 긍휼이 풍성하신 하나님이 우리를 사랑하신 그 큰 사랑을 인하여, 허물로 죽은 우리를 그리스도와 함께 살리셨고." 이것이 자비다.

당신은 지금 자신을 하나님의 자비의 대상으로 보는가? 당신은 하나님의 자비가 아니면 자신이 영원한 지옥에 떨어지리라는 것을 깨닫는가? 바울이 "내가 하나님의 모든 자비하심으로 너희를 권하노니"라고 말하는 이유가 여기 있다.

우리 몸을 산 제물로 드린다는 말은 헌금이나 십일조를 드린 후 "내 의무 다 했어!"라고 말한다는 뜻이 아니다. 이것은 복음을 자신에게 적용할 때 나오는 자발적 반응이어야 한다. 우리는 지금 하나님과의 교제를 말하고 있다. 우리는 지금 하나님의 사랑과 자비와 은혜에 안기는 것을 말하고 있다. 그리고 우리는 복음에서 이것을 본다. 사도 요한은 하나님이 우리 죄를 속하기 위해 – 다시 말해, 당신과 내가 받아야 할 하나님의 진노를 가라앉히기 위해 – 화목 제물로 아들을 보내심으로써 우리를 향한 그분의 사랑을 보여주셨다고 했다(요일 4:10). 우리는 매일 복음을 적용할 때 그분의 사랑에 잠기며, 진정으로 그분의 사랑에 잠길 때 우리 몸을 산 제물로 드린다. 그러나 이 제물은 매일 새로워야 한다. 어제의 헌신으로 오늘을 살 수는 없다.

자기 몸을 산 제물로 드리는 일은 사람에 따라 다르다. 어떤 사람들에게는 하나님 나라의 일에 더 많이 드릴 수 있도록 생활수준을 낮춘다는 뜻이다. 우리 아들에게는 사역을 위한 시간을 더 많이 내기 위해 봉급이 낮은 직장을 얻는다는 뜻이었다. 지금 내게는 하나님이 맡기신 사역에 지속적으로 자신을 드린다는 뜻이다.

이 글을 쓰는 지금, 몇 주만 지나면 일흔 여덟 살이다. 지난 수십 년간, 수백만 마일을 날아다녔으며, 천 여 차례 메시지를 전했고, 여러 권의 책을 썼으며, 기독교 잡지에 적잖은 글을 기고했다. 솔직히 말하면, 계속되는 여행과 거듭되는 마감 날짜와 지속적인 메시지 준비의 중압감으로 지칠 때가 많아서, 때로는 나 자신에게 미안함을 느낀다.

그러면 나는 어떻게 버텨내는가? 나 자신에게 미안함을 느끼지 않기 위해 어떻게 하는가? 매일 자신에게 복음을 적용하며 하나님께 아뢴다. "나는 당신의 종입니다. 나를 향한 당신의 자비와 내 안에서 역사하는 당신의 은혜 때문에, 내 몸을 다시 산 제물로 드립니다. 이것이 거듭되는 여행과 끊임없는 시간의 압박을 의미하더라도 당신이 주시는 선물로 받아들이고, 당신을 섬기는 특권에 감사드립니다."

사실 내가 인생의 좌우명으로 삼은 구절은 에베소서 3장 8절이다. "모든 성도 중에 지극히 작은 자보다 더 작은 나에게 이 은혜를 주신 것은 측량할 수 없는 그리스도의 풍성함을 이방인에게 전하게 하시고." 나는 복음의 은혜의 수혜자일 뿐 아니라 복음을 사람들에게 가르치는 특권까지 누린다. 그러므로 내가 자신에게 복음을 전함으로써 내 "산 제물"은 특권이 된다. 복음은 단지 불신자만이 아니라 날마다 복음으로 사는 자를 위한 것이기도 하다는 사실을 많은 그리스도인들에게 가르칠 특권을 하나님이 내게 주시는데, 내게는 늘 두렵고 떨리는 일이다.

하나님의 주권과 사랑을 굳게 믿어라

넷째 비결은 하나님의 주권과 사랑을 굳게 믿는 것이다. 여기에는 **매일**이라는 단어가 없지만, 우리는 이 비결을 지속적으로 실천해야 한다. 몇 년 전, 스콧 펙(M. Scott Peck)이 "삶은 어려운 것이다(Life is difficult)."라는 문장으로 시작하는 책(The Road Less Traveled)을 썼다. 대부분의 사람들은 이 말에 동의한다. 당신도 아주 오래 살았다면, 삶이 어렵다거나 최소한 어려울 때가 많으며 때로는 고통스럽기까지 하다는 사실을 깨달았을 것이다. 시간이 흐를수록 어려움과 고통을 더 자주 경험할 것이다. 그러므로 끝까지 견디고 싶다면, 삶의 어려움과 고통 앞에서 흔들리지 않고 굳게 서고 싶다면, 하나님의 주권과 사랑을 굳게 믿어야 한다. 하나님이 우주에서 일어나는 모든 사건과 특히 당신의 삶에서 일어나는 모든 사건을 주관하실 뿐 아니라 당신을 향한 무한한 사랑으로 주관하신다는 사실을 반드시 믿어야 한다.

많은 구절이 하나님의 주권과 사랑을 보여주지만, 나는 예레미야에

가 3장 37-38절을 선택했다. "주의 명령이 아니면 누가 이것을 능히 말하여 이루게 할 수 있으랴 화와 복이 지존자의 입으로부터 나오지 아니하느냐" 내가 이 구절을 선택한 이유는 37절("주의 명령이 아니면 누가 이것을 능히 말하여 이루게 할 수 있으랴")이 다른 사람들의 행동에 대한 하나님의 주권을 확인해 주기 때문이다. 삶의 고통 중에 아주 많은 부분이 다른 사람들의 죄악된 행동에 기인한다. 하나님은 주권자이며 다른 사람들의 행동을 주관하신다고 믿지 않으면 증오에 빠지기 쉽다. 증오에 빠지면 하나님에게서 등을 돌리기 시작하며 굳게 서지 못한다. 다른 사람들의 악한 행동 때문에 증오에 빠지면 끝까지 견디지 못한다. 증오에 빠지지 않는 방법 중 하나는 하나님이 다른 사람들의 죄악된 행동까지도 주관하신다는 사실을 깨닫는 것이다.

요셉은 이것을 보여주는 고전적인 예다. 창세기 45장에서, 요셉은 형들에게 자신을 드러낸 후 하나님이 지금까지 모두 주관하셨다고 세 차례나(특히 5-8절에서) 말했다. 예를 들면, "나를 이리로 보낸 이는 당신들이 아니요 하나님이시라"(8절)라고 말한다. 그런 다음, 창세기 50장 20절에서는 "당신들은 나를 해하려 하였으나 하나님은 그것을 선으로 바꾸사"라고 말한다. 요셉은 하나님의 주권을 믿었으며, 형들의 죄악된 행동에 대해서도 그분의 주권을 믿었다.

내 일과 관련해 굴욕적이며 깊은 절망에 짓눌린 적이 있었다. 다른 사람들의 죄악된 행동이 아니라 생각 없고 부주의한 행동 때문이었다. 그 일은 목요일 오후에 일어났는데, 나는 금요일 밤에 시작되는 컨퍼런스에서 강연을 할 예정이었다. 어떻게 그렇게 깊은 상처와 굴욕에서 회복되어 금요일 밤에 강연을 할 수 있었겠는가?

금요일 아침, 자리에서 일어났을 때 "주신 이도 여호와시요 거두신 이도 여호와시오니"라는 욥기의 말씀이(욥 1:21) 떠올랐다. 그날 아침 하나님과 함께 하는 시간에, 나는 이렇게 말할 수 있었다. "주님, 과거에 주님께서 주셨는데 이제 주님께서 모두 거두어 가셨습니다. 이것도 주님이 주신 것으로 받겠습니다." 거칠었던 감정은 가라앉았고, 나는 마치 아무 일도 없었다는 듯이 컨퍼런스에서 강연을 할 수 있었다. 그 사람들에 대해서도 전혀 증오심을 품지 않았다. 그들의 행동에 대한 하나님의 주권을 믿었기 때문이었다.

둘째, 예레미야애가 3장 38절은 "화와 복이 지존자의 입으로부터 나오지 아니하느냐?"고 말한다. 다시 말해, 하나님은 우리가 이생의 좋은 것과 축복으로 여길 대상을 주관하듯이 어려움과 고통도 주관하신다. 우리는 삶의 좋은 것에 대해 하나님께 감사해야 한다. 감사하는 사람들이 되어야 한다. 그러나 나쁜 것, 우리가 삶에서 선택하지 않은 것에 대해서는 어떻게 해야 하는가? 바울은 데살로니가전서 5장 18절에서 "범사에 감사하라"고 말하며, 그런 후에 "이것이 그리스도 예수 안에서 너희를 향하신 하나님의 뜻이니라"고 덧붙인다. 4장 3절에서는 "하나님의 뜻은 이것이니 … 곧 음란을 버리고"라고 말했다. 분명히 이것은 하나님의 도덕적인 뜻을 말한다. 바울은 똑같은 표현을 5장 18절에서도 사용한다. "이것이 그리스도 예수 안에서 너희를 향하신 하나님의 뜻이니라." 우리가 모든 환경에서 감사하는 것이 하나님의 도덕적인 뜻이다.

그러면 우리는 어떻게 감사하는가? 믿음으로 한다. 우리는 그저 이를 갈면서 "주님, 감사하고 싶지 않지만 감사하라고 하셨으니 감사하고 싶지 않아도 감사하겠습니다."라고 말하지 않는다. 이것은 감사가 아니다. 우리는 믿음으로 감사한다. 하나님의 약속을 믿음으로 신뢰하기 때문에 감사한다. 로마서 8장 28-29절에서 바울을 통해 주신 하나님의 말씀을 믿기 때문에 감사한다. 여기서 바울은 "하나님을 사랑하는 자 곧 그의 뜻대로 부르심을 입은 자들에게는 모든 것이 합력하여 선을 이루느니라"고 말하며, 29절에서는 선(善)을 주 예수 그리스도의 형상을 본받는 것으로 정의한다. 하나님은 이것을 추구하신다. 하나님은 우리가 그리스도의 형상을 본받게 하려 하신다. 그래서 하나님은 이처럼 다양한 환경을, 우리가 스스로 선택하지 않을 환경을 주시거나 허락하신다. 하나님이 이런 환경을 우리 삶에 주시는 이유는 우리가 그리스도를 점점 더 닮도록 돕는 도구로 사용하시기 위해서

다. 그러므로 우리는 믿음으로 이렇게 말할 수 있다. "주님, 주님이 이러한 어려움이나 고통이나 시련을 허락하시는 구체적인 목적은 모릅니다. 그러나 주님은 제가 예수 그리스도를 점점 더 닮도록 하는 데 이것을 사용하겠다고 하셨습니다. 그러기에 주님께 감사합니다." 그래서 우리는 믿음으로 감사한다.

우리는 또한 하나님이 절대로 우리를 떠나거나 버리지 않으시리라는 약속을 믿기 때문에 감사한다. 히브리서 기자는 구약을 인용하면서 "그가 친히 말씀하시기를 내가 결코 너희를 버리지 아니하고 너희를 떠나지 아니하리라 하셨느니라"고 말한다(13:5). "결코"라는 단어는 절대적인 단어다. 이것은 '때로' 또는 '거의' 라는 뜻이 아니다. '절대로' 라는 뜻이다. 하나님은 신뢰할 수 있는 분이다. 거짓말을 못하시는 하나님이 이렇게 말씀하셨다. "내가 결코 너희를 버리지 아니하고 너희를 떠나지 아니하리라. 내가 너에게 매우 어렵고 고통스러운 상황을 허락하거나 너를 이러한 상황에 두기는 하겠지만 결코 너를 버리지는 않으리라." 그 다음으로 우리는 하나님이 세상의 그 어떤 피조물도 우리를 그리스도 예수 안에 있는 그분의 사랑에서 끊지 못한다고 말씀하시는 로마서 8장 38-39절에 눈을 돌릴 수 있다.

당신의 삶에서 모든 게 산산조각이 나고 남은 게 전혀 없다고 느껴지는 때가 있을지 모른다. 내 말을 들어라. 하나님이 절대로 거둬가지 않는 두 가지가 있다. 첫째, **하나님은 절대로 복음을 거둬가지 않으신다.** 삶이 가장 어려운 날에도, 당신은 그리스도의 의를 입고 하나님 앞에 서 있다. 당신의 죄는 용서되었다. 당신의 의심도 용서되었다. 그리스도께서 당신을 대신해 아버지를 온전히 신뢰하셨기 때문이다. 둘째, **하나님은 절대로 그분의 약속을 거둬가지 않으신다.** 다른 모든 것이 사라져도 두 가지 확신은 남는다. 욥과 같은 처지에 놓여도 이 두 가지를 확신할 수 있다. 당신은 그리스도의 의를 입고 하나님 앞에 서 있다. 그분은 절대로, 절대로 당신에게서 복음을 거둬가지 않으신다. 그리고 당신에게는 언제나 하나님의 약속, "내가 결코 너희를 버리지 아니하고 너희를 떠나지 아니하리라"는 약속이 있다.

견뎌라. 아니, 끝까지 인내하라

지금까지 삶을 아름답게 끝맺기 위한 네 가지 비결을 살펴보았다. 이 외에도 살펴볼만한 중요한 것들이 분명히 있다. 그러나 나는 이 네 가지가 근본적이라고 믿는다. 그래서 이 네 가지를 거듭해서 권한다.

· 매일 하나님께 집중하는 시간을 가져라.

- 매일 복음을 적용하라.
- 매일 자신을 하나님께 산 제물로 드려라.
- 하나님의 주권과 사랑을 굳게 믿어라.

마지막으로 굳게 서서 끝까지 견딤과 관련해 한 단어를 더 소개하겠다. **인내**(perseverance, '성도의 견인' 에서처럼 견인으로도 번역된다 - 옮긴이)라는 단어다. 인내라는 단어는 **견딤**(endurance)이라는 단어와 의미가 매우 비슷하며, 둘을 같은 의미로 볼 때가 많다. 그러나 미묘한 차이가 있다. **견디다**(endure)라는 단어는 굳게 선다(stand firm)는 뜻이며, 이것이 이 책의 주제이다. 우리는 굳게 서야 한다. 우리는 온갖 교리의 바람에 신학적으로 흔들려서는 안 된다. 우리는 이쪽저쪽으로 왔다 갔다 해서는 안 된다. 굳게 서야 한다. 그러나 굳게 서는 데 그쳐서는 안 된다. 우리는 앞으로 나아가야 한다. 바울이 "내 달려갈 길을 마치고"라고 했을 때(딤후 4:7) 움직임에 관해 말한 게 분명하다. 인내란 장애물에도 불구하고 계속 나아간다는 뜻이다. 그러므로 바울이 "내 달려갈 길을 마치고"라고 했을 때, 이것은 기본석으로 "내가 인내했다"는 뜻이었다. 우리는 굳게 서야 하며, 성경은 우리에게 굳게 서라고 거듭 명령한다. 그러나 기억하라. 굳게 선다는 것은 단순히 가만히 서 있다는 뜻이 아니다. 그렇게 생각하면 핵심을 놓친다. 우리는 앞으로 나아가야 한다. 인내해야 한다. 바울처럼 "내 달려갈 길을 마치고 믿음을 지켰으니"라고 말할 수 있어야 한다. 당신과 내가 바울처럼 되길 바란다.

아버지, 우리 가운데 누구라도 데마처럼 될지 모른다는 사실을 다시 한 번 깨달았습니다. 우리 가운데 누구라도 굳게 선다면 오직 당신의 은혜 때문입니다. 아버지, 우리는 당신을 전적으로 의지할 수밖에 없는 존재임을 고백합니다. 우리의 전부가 당신의 은혜임을 고백합니다. 당신의 은혜에 감사드립니다. 아버지, 우리의 책임을 인정합니다. 당신의 은혜로 책임을 다하게 하시며, 훈련에 훈련을 거듭하여 서서 끝까지 경주할 수 있게 하소서. 예수님의 이름으로 기도합니다. 아멘.

Cumulative Daily Decisions, Courage in a Cause, and a Life of Endurance

삶과 가정에서 맺은 믿음의 열매 1

2장 | 믿음의 삶을 위한 매일의 선택과 용기

랜디 알콘은 가족이 시련 가운데서 보여 준 인내와 자신이 인내를 통해 얻은 교훈을 이야기한다. 알콘은 우리가 어떤 사람이 되느냐는 매일 어떤 선택을 하느냐, 즉 매일 무엇을 기뻐하며 묵상하느냐에 달렸다고 말한다. 또 자신의 아이들이 인내를 통해 인격과 신앙과 통찰력을 어떻게 기르게 되었는지 알려준다. 알콘은 분노가 아니라 예수님이 우리를 움직이는 동기가 되어야 하며, 예수님을 따르는 이들은 불의와 비방도 예상해야 한다고 말한다.

Randy Alcorn

랜디 알콘

성도들의 인내가 여기 있나니 그들은 하나님의 계명과
예수에 대한 믿음을 지키는 자니라 (계 14:12)

바울은 그리스도인들을 위해 이렇게 기도했다. "그의 영광의 힘을 따라 모든 능력으로 능하게 하시며 기쁨으로 모든 견딤과 오래 참음에 이르게 하시고 우리로 하여금 빛 가운데서 성도의 기업의 부분을 얻기에 합당하게 하신 아버지께 감사하게 하시기를 원하노라"(골 1:11-12).

우리는 그리스도의 능력으로 인내하며 기뻐하고 감사하며 살아야 한다. 인내하려면 참아야 한다. 왜냐하면 오늘의 바른 선택에는 상이 있겠지만, 상 받는 날이 지금부터 몇 달 혹은 몇 년 후가 될지, 이 세상을 떠난 후가 될지 모르기 때문이다. 전자레인지가 다 돌아갈 때까지 초조하게 손가락을 두드리는 사람들을 보면 인내가 저절로 생기기 않는다는 걸 알 수 있다.

바울은 제자에게 "너는 그리스도 예수의 좋은 병사로 나와 함께 고난을 받으라"라고 했다(딤후 2:3). 병사들은 어려움을 예상하며, 거기에 대비해 훈련을 받는다. 대장을 따르는 전우로서, 그리스도의 겸손한 용사들은 적지에서 유진 피터슨(Eugene Peterson)이 "한 길을 걷는 오랜 순종"[1]이라고 부른 삶을 살아야 한다.

오늘날은 온갖 장애물과 마음의 혼란으로 그리스도인의 삶을 살면서 인내하기가 쉽지 않다. 우리 시대의 유혹이 1세기 고린도의 유혹보다 더 나쁘지는 않다. 그러나 텔레비전과 컴퓨터 심지어 휴대전화를 통해서까지, 예전에는 뒷골목에서나 나돌았던 음란물이 이제 집안으로 들어온다. 우리가 사는 이 기술적인 고린도에서, 유혹과 우리의 거리는 컴퓨터 자판의 숫자 입력이나 마우스 클릭 정도의 거리에 불과하다.

결혼생활이나 직장이나 교회나 삶의 어느 부분에서든 인내의 실패가 일상이 되었다. 죄와 불신앙에 빠지지 않는 일관되고 오랜 순종은 이따금 불가능한 꿈처럼 보이기도 한다. 죄가 너무나 일반적이고 당연해져 거룩한 신사들이 영웅으로 추앙받거나 율법주의자로 손가락질 받는다.

일회용품이 넘치는 사회에서, 우리는 무엇이든(종이컵이든 배우자든 교회든 직장이든 간에) 쓰고 버린다. 끈기의 철학은 다른 시대의 유물이 되었다.

옛날에 수도사들은 실천했지만 우리는 그렇게 할 수 없다. 그러므로 우리가 그래야 할 이유가 어디 있는가? 수많은 대안이 우리에게 손짓하는데 굳이 열심히 일하거나 지루하게 한 길을 가려는 사람이 있겠는가?

그러나 그리스도인의 삶의 본질은 문화를 따라 변해서는 안 된다. 바울이 골로새 사람들과 디모데에게 한 말은 우리에게 하는 말이다. 어려움 때문에 움츠려서는 안 된다. 인내와 감사로 어려움을 견뎌야 한다. 처음부터 끝까지 그리스도를 따라야 하며, 자기 죄를 빨리 회개하고 더 깊은 헌신으로 나아가야 한다. 그렇다, 메마른 때도 있겠지만 영적 성장은 전체적으로 꾸준히 이루어질 것이며, 따라서 우리는 울며 후회하면서 삶을 마감하지 않을 것이다.

인내는 그리스도를 따르며 하나님의 영광을 위해 끝까지 힘 있게 달리라는 주님의 부르심이다. 이보다 고귀한 부르심이 없고, 이보다 큰 특권이 없으며, 이보다 더 큰 기쁨은 없다.

다시 만날 그 날을 기뻐하라

우리 부부는 교회 대학부를 함께 다녔던 친구들과 30년 만에 재회하는 자리에 나갔다. 40명이 모였다. 그때 친구 중에 다섯 명이 세상을 떠났다. 나온 친구들 대부분은 부모 중 한 분이나 두 분 모두를 잃었다. 몇몇은 배우자나 형제나 자녀를 잃었다. 몇몇은 이혼했다. 두 사람은 신경쇠약을 앓았고, 몇몇은 경제적 파산을 겪었다. 몇몇은 자녀들이 마약에 빠졌거나 감옥에 있었다. 몇몇은 암이나 그 밖의 질병이 있었다.

그러나 아름다운 밤이었다. 한 사람씩 "하나님은 신실하셨어!"라고 했다. 우리는 밤늦게까지 자리를 뜨지 못했으며, 놀랍게도 눈물과 웃음이 뒤섞인 시간이었다.

우리는 1970년대 초에 불렀던, 성경에 기초해 만들어진 찬양들을 불렀다. 가사 속의 말씀이 이루어지지 않았다고 환멸을 느끼지 않았으며, 오히려 그 말씀이 예전에 깨달았을 때보다 더 진실하다고 증명되어 격려를 받았다. 하나님은 참으로 "우리의 피난처시요 힘이시니 환난 중에 만날 큰 도움"이셨다(시 46:1). 우리가 완전히 신뢰할 분은 오직 하나님뿐이라는 사실을 깨달았다. 물론 아주 힘겹게 깨달은 사람들도 몇몇 있었나. 우리의 불완전함을 인정하면서, 우리는 인내의 달콤한 향기를 함께 체험했으며, 더 나은 세상을 향한 기대를 감추지 않았다.

이해가 되기는 하지만, 어떤 친구들은 거리 때문에, 건강 때문에, 일정 때문에 나오지 못했다. 그러나 어떤 친구들은 그리스도를 향한 사랑이 식었기 때문에 나오지 않았다. 그들은 인내하지 못했다. 이유가 무엇일까? 여러 가지 대답이 가능하다. 나는 이 글의 목적에 맞게 이렇게 대답하겠다. **그들의 영적 탈선과 실패는 자신이 순간마다, 날마다 했던 선택이 축적된 결과였다.**

그날 밤, 아내와 나는 집으로 돌아오면서 삶을 잘 마무리하자고 새롭게 다짐했다. 당신도 재회의 자리에 초대받을 때 그 자리에 참석하여 하나님이 행하신 일을 듣고 또 나누고 싶은 마음이 들도록 살아가길 기도한다. 그런 자리에 참석하고 싶지 않게 만드는 선택일랑 하지 않기 바란다.

대의를 위한 인내를 결단하라

내가 어떤 대의를 위해서 인내했던 이야기를 하려 한다. 나는 절대로 나를 영웅으로 생각하지 않는다. 반대로, 나는 변함없는 하나님의 은혜에 더욱 겸손하며 더 깊이 감사할 뿐이다.

나는 불신 가정에서 자랐다. 십대에 그리스도인이 되었을 때, 토저(Tozer), 쉐퍼(Schaeffer), 루이스(Lewis), 본회퍼(Bonhoeffer)가 책으로 나를 가르쳤다. 1977년, 신생 교회의 목사가 되었다. 1980년대 초, 오리건 주 포틀랜드의 노스웨스트에 처음으로 생긴 위기임신 관리센터(Crisis Pregnancy Center)의 사역에 참여했다. 아내 낸시와 나는 십대 임신부를 우리 집에서 보살피면서 아이를 낳고 입양시키는 과정을 도와주었다. 그 과정에서 어린 엄마가 그리스도인이 되는 모습을 지켜보는 기쁨도 누렸다. 지금도 그 엄마는 우리의 소중한 친구며, 태어나지 않은 아이들의 용감한 대변인 역할을 한다.

시간이 지나면서, 하나님은 우리가 태어나지 못한 아이들의 고통에 대한 부담감을 점점 더 크게 느끼게 하셨다. (태어나지 못한 아이들이 누군지 모른다면, 앞으로의 내용도 이해되지 않을 것이다. 내 책 『작은 생명의 손짓』[2]을 읽거나 www.epm.org에서 낙태와 관련된 글을 보거나 www.abort73.com을 참고하라.)

"너는 사망으로 끌려가는 자를 건져 주며 살륙을 당하게 된 자를 구원하지 아니하려고 하지 말라"라는 구절을 읽었다(잠 24:11). 그리고 "너는 말 못하는 자와 모든 고독한 자의 송사를 위하여 입을 열지니라 너는 입을 열어 공의로 재판하여 곤고한 자와 궁핍한 자를 신원할지니라"라는 구절도 읽었나(잠 31:8-9). 나는 디이트리히 본회퍼 목사의 용기를 외면할 수 없었다. 그는 공개적으로 히틀러를 비판하고, 독일교회를 향해 유대인 편에 서라고 촉구했다. 태어나지 않은 아이들을 보호하라는 프란시스 쉐퍼의 외침도 내게 깊은 영향을 미쳤다.

1989년 1월, 내 삶과 목회 사역이 아주 복잡해질 것을 알면서도, 나는 낙태시술병원을 상대로 평화로운 비폭력 시민불복종 운동에 참여하기 시작했다. 전국 각지에서 수백 명의 목회자들도 똑같이 했다.

나는 이틀간 구치소 신세를 졌다. 난생 처음으로 비인간적인 대우를 경험하기에는 충분한 시간이었다.

가정에서든 학교에서든 운동 경기장에서든 나는 사람들에게 신뢰를 받는 데 익숙했다. 아내와 자녀들과 교회가 나를 신뢰했다. 그런데 갑자기 범죄자들과 함께 쇠창살에 갇힌 채 불신과 조롱의 대상이 되었다.

나는 허리에서 발목까지 사슬에 묶여 있었고, 사방에서 카메라 플래시가 터졌다. 구치소로 끌려가 열 두 명과 함께 알몸으로 검사를 받았다. 악독한 교도관이 몇몇 사람들을 조롱하며 키득거렸다.

이것은 유죄든 무죄든 간에 많은 사람들이 겪는 일의 일부일 뿐이었다. 그러나 나는 그 일을 절대 잊지 않았다. 내 삶에서 가장 비인간적인 이틀이었지만 나는 그 이틀을 그 무엇과도 바꾸지 않겠다. 예수님과 세상에 태어나지 못한 아이들이 받은 고통에 비하면 아무 것도 아니었다. 그러나 지워지지 않은 인상을 남기기에 충분했으며, 다른 사람들의 고통을 헤아리는 기준이 되었다(그리고 내가 『천국의 사람 리쿠안』이라는 소설에서처럼 박해받는 교회에 관해 글을 쓰는 데 도움이 되었다).

어느 낙태시술병원이 나를 상대로 한 법정 싸움에서 이겼으며, 다른 몇 십 개 병원도 마찬가지였다. 법원은 우리가 하루 동안 방해했기 때문에 병원이 10건의 낙태를 시술을 못해 손해 본 2,800달러를 배상하라고 판결했다. 법원은 낙태시술병원의 변호사 비용으로 19,000 달러를 추가로 지불하라는 판결도 내렸다. 나는 판사에게 내가 갚아야 할 게 있으면 누구에게든 얼마라도 갚겠으나 아기들을 죽이는 데 사용하는 사람들에게는 한 푼도 못 주겠다고 했다.

1990년, 내가 담임하는 교회가 법원의 명령장을 받았다. 매달 내게 지불되는 임금에서 4분의 1을 떼어 낙태시술병원에 지불하라는 내용이었다. 교회가 낙태시술병원에 돈을 지불할지 아니면 법원의 명령에 불복종할지를 결정해야 했다. 나는 교회의 이런 고민을 덜어주기 위해 교회를 사임했다.

내가 임금 압류를 피하는 유일한 방법은 최소 임금만 받는 것이었다. 다행스럽게도, 그동안 우리 가족은 내가 교회에서 받은 급여의 일부로만 살아왔으며, 최근에는 주택 대출금도 다 갚아서 빚이 없었다. 하나님이 EPM(Eternal Perspective Ministries)을 시작하도록 우리를 인도하셨다. 나는 더 이상 목회사로 섬길 수는 없으나 지금까지도 우리 가족은 우리 교회의 지체로 남아 있다.

인내하려면 대의보다 예수님을 더 사랑하라

나는 대의를 위해 인내하는 일에 관해 한 가지 배운 게 있다. **분노를 동기로 하여 일하지 말라**는 것이다. 물론 의로운 분노도 있다. 하나님은 가난한 자들과 궁핍한 자들과 무방비한 자들에 대한 학대에 격노하신다. 그러나 우리의 "의로운 분노"는 독선적인 분노일 때가 아주 많다. 우리는 인권 침해, 노예제도, 매춘, 포르노그래피, 마약, 범죄, 음주운전, 낙태 등 무엇과 싸우든 간에 예수님에게 시선을 집중해야 한다. 그러지 않으면 소진하거나 예수님의 힘이 아니라 자신의 힘을 의지하게 된다. 하나님의 은혜로, 우리는 절대로 낙태시술병원에 욕을 퍼붓지 않았다. 아내는 매주 병원 밖에 서서 매니저를 포함해 병원의 여러 직원과 이야기하면서 그리스도의 사랑을 나누었다.

낙태반대운동, 재소자 사역, 길거리 사역, 빈민 돕기, 약물 및 섹스 중독자 돕기, 포르노그래피와의 싸움 등에 부름을 받은 사람들은 깊은 상처와 아픔을 겪는다.

인내하려면 대의를 위한 열정보다 큰 예수님에 대한 열정이 있어야 한다. 그렇지 않으면, 설령 소진되지 않더라도, 우리의 대의가 주님을 대신하며, 곧 우상이 된다.

몰두하라. 의로운 일이 아니라 우리를 다양한 일에 부르시고, 부르신 모든 곳에서 우리를 지키시는 의로우신 하나님에게 몰두하라. 문제에 집착하는 그리스도인이 되지 말아라. 찰스 콜슨(Charles Colson, 닉슨 대통령의 보좌관으로 워터게이트 사건에 연루되어 옥고를 치르는 중에 회개하고 재소자 사역에 헌신했다 - 옮긴이)의 마음에는 재소자 사역이 크게 자리 잡았으나 그는 여기서 그치지 않는다. 조니 에릭슨 타다(Joni Eareckson Tada, 다이빙 사고로 전신이 마비된 장애인이면서도 '조니와 친구들' 이라는 단체를 만들어 장애인 사역을 하고 있다 - 옮긴이)는 장애인에게 깊은 관심이 있지만 훨씬 더 큰 데 마음을 기울인다. 찰스와 조니는 예수님을 사랑하며, 이 사랑이 재소자 사역과 장애인 사역으로 나타났다. 이것이, 다시 말해, 하나의 문제는 그 자체로 고립되어 있지 않다는 사실을 깨닫는 것이 대의를 위해 일하면서 능력을 잃지 않는 방법이다. 그 일은 하나님 나라의 일이라는 보다 큰 틀의 한 부분이다.

우리의 삶을 낙태나 포르노그래피나 동성 결혼을 반대하는 데 집중하더라도 이것으로는 부족하다. 윌리엄 윌버포스(William Wilberforce, 1758-1833, '영국의 양심' 이라 불리며 한 평생 노예제 폐지를 위해 싸웠다 - 옮긴이)는 단순히 노예제를 반대하는 데 그치시 않았다. 그는 예수님과 사랑에 빠졌으며, 노예무역 폐지를 위해 싸우는 동안 그를 지켜주신 분은 바로 예수님이었다. 죽기 사흘 전, 윌버포스는 하원으로부터 영국과 영국의 식민지에 남아 있는 모든 노예들에 대한 해방이 선포되었다는 소식을 듣고 예수님께 감사했다.

대의를 추구할 때 인내하려면, 그 일이 예수님에 관한 것임을 자신에게 계속 상기시켜라.

임금이 대답하여 이르시되 내가 진실로 너희에게 이르노니 너희가 여기 내 형제 중에 지극히 작은 자 하나에게 한 것이 곧 내게 한 것이니라(마 25:40).

예수님에 관한 일이 아니라면 우리의 대의가 되어야 할 이유가 어디 있는가?

인내하려면 인기를 포기하라

오해나 비방을 각오하지 않으면 인내하며 대의를 추구하기 불가능하다. 우리가 사회나 교회에서 존경과 칭찬을 받겠다고 고집하면, 대의에서 멀어질 뿐 아니라 주님에게서도 멀어진다. 예수님은 이렇게 말씀하셨다. "종이 주인보다 더 크지 못하다 한 말을 기억하라 사람들이 나를 박해하였은즉 너희도 박해할 것이요"(요 15:20). 우리가 누구기에 세상이 예수님보다 우리를 더 잘 대하리라 기대하는가? **예수님의**

제자라면 불의와 비방을 예상해야 한다. 우리는 자신의 권리나 평판에 집착하지 말아야 한다.

1991년 2월, 내가 교회를 사임한 지 거의 2년이 지난 후, 우리는 큰 법정 싸움에 휘말렸다. 그 후 4주 동안 법정에서, 우리는 깜짝 놀랄 거짓 고소를 목격했다. 병원 직원들은 우리가 여자들에게 고함을 치고, 그들을 잡아채고, 그들에게 침을 뱉고, 그들에게 매춘부와 창녀라고 했다고 증언했다. 판사 또한 자신이 우리에게 얼마나 적대적인지 배심원에게 분명히 보여주었다. 우리가 증언하는 동안 판사는 신문을 보았다.

판사는 배심원들에게 우리가 유죄임을 알아야 하며 다시는 같은 짓을 못하도록 중형을 부가해야 한다면서 지시평결(directed verdict, 사실심리에서 제출된 증거로 보아 재판의 승소, 패소가 명백하다고 판단되는 경우에 판사의 지시대로 내려지는 평결 - 옮긴이)을 명령했다. 그 어떤 폭력도, 그 어떤 재산 파괴도 없었음에도, 판사는 평화 시위자들에게 역사상 가장 무거운 판결을 내렸다. 820만 달러를 배상하라는 판결이었다. 나는 820만 달러라면 목사가 평생 빌어도 모으시 못할 돈이라고 농담을 하곤 했다.

나는 고소당하기 전에 집은 물론 자동차와 예금과 책의 인세에 이르기까지 모든 권리를 포기했다. 지금까지 우리는 누군가에 빚지면 빠짐없이 갚았다. 그러나 하나님의 은혜로, 낙태시술병원에는 한 푼도 건네지 않았다. 나는 지금도 전혀 재산이 없으며, 급여도 최소한에 불과하기 때문에 낙태시술자들이 내게서 가져갈 게 없다.

법정에서 우리에 대한 위증(僞證)이 쏟아질 때, 내가 붙잡은 핵심 구절은 베드로전서 2장 23절이었다. 이 구절은 예수님에 대해 이렇게 말한다. "욕을 당하시되 맞대어 욕하지 아니하시고 고난을 당하시되 위협하지 아니하시고 오직 공의로 심판하시는 이에게 부탁하시며." 신자들과 불신자들이 양쪽에서 나를 그릇 판단할 때, 나는 하나님이 내 재판관이라는 사실에서 평안을 찾았다. 내 실패를 감안할 때, 이전 같으면 이런 생각이 내게 용기를 주지 못했겠지만, 그날은 갑자기 용기를 주었다.

아내 낸시와 나는 사람들의 비난에 대해 얼굴에 철판을 까는 법을 배웠다. 오랫동안 순종하며 한 길을 가지 못하게 막는 가장 큰 적 가운데 하나는 세상에서든 교회에서든 인기를 얻고 싶은 마음이다. 우리의 눈이 예수님이 아닌 누군가에게 쏠린다면, 비난을 견뎌낼 힘을 얻지 못한다. 예수님은 "세상이 너희를 미워하면 너희보다 먼저 나를 미워한 줄을 알라"라고 하셨다(요 15:18). 어떤 사람들은 우리의 신념이 자신들에게 거슬린다는 이유로 절대로 우리를 좋아하지 않는다. 우리가 이런 사실을 받아들일 수 있다면 마음이 크게 자유로울 것이다. 우리는 그들의 인정을 필요로 하거나 원하지 않은 채 그들과 대화하고 그들을 위해 기도할 수 있다.

바울은 "내가 지금까지 사람들의 기쁨을 구하였다면 그리스도의 종이 아니니라"라고 했다(갈 1:10). 예수님만이 우리의 청중이다. 우리는 다른 누구도 아닌 예수님의 심판대 앞에 서게 된다. 그러므로 우리는 그분에게서 "잘 하였도다, 착하고 충성된 종아!"라는 칭찬을 듣길 갈망해야 한다. 다른 사람들에게 인정받는 삶을 살려 할 뿐 예수님에게 인정받는 삶을 살려하지 않으면 절대로 인내하지 못한다.

인내하려면 역경을 선으로 바꾸시는 하나님을 믿어라

내가 고소를 당하고 교회를 사임해야 하는 과정에서, 하나님은 낙태시술병원이 의도한 악을 선으로 바꿔주셨다(창 50:20). 그 가운데 어느 정도는 당시에 분명하게 나타났지만, 많은 부분은 수년이 지난 후에야 분명해졌다. (요셉이 자신에게 역경을 주신 하나님의 목적을 분명하게 확인하기까지 얼마나 긴 세월이 흘렀는가?)

우리는 고소를 당하는 동안 놀라운 일을 수없이 보았다. 예를 들면, 하나님은 내가 유명한 레즈비언인 낙태찬성론자에게 복음을 전할 수 있도록 문을 열어주셨다. 그녀는 나중에 그리스도인이 되었다. 한 남자가 낙태시술병원 바깥에서 예수님께 자신을 드렸으며, 두 명의 낙태시술병원 직원이 자신이 무슨 짓을 하는지 깨닫고 자기 발로 직장을 그만두었다.

여러 이유가 있었지만, 내가 마지막으로 시민불복종 운동에 참여한 것은 17년 전이었다. 인내하며 한 길을 간다는 말은 항상 같은 일을 해야 한다는 뜻이 아니다. 내 길은 예전이나 지금이나 특별한 전략이 아니라 태어나지 않은 아이들이다. 나는 하나님께서 매번 다른 방법을 사용하게 하신다고 믿는다. 이제 우리는 상당한 돈을 낙태반대운동을 후원하는 데 쓴다. 나는 지금도 메시지와 글과 개인적인 대화를 통해 태어나지 않은 아이들을 대변한다. 이 일과 그 밖에 외롭지만 인기 없는 대의에 거의 평생을 바치고 나보다 훨씬 많은 일을 하는 사람들에게 박수를 보낸다. 이들이 기쁨으로 인내하며 하나님께 영광을 돌리길 바란다.

하나님이 우리의 시련을 통해 거두게 하신 열매 가운데 하나는 내가 책의 인세에 대한 권리를 포기한 것이었다. 나는 모든 인세를 하나님 나라 – 선교, 기아 구조, 낙태반대운동, 장애인 사역, 재소자 사역, 박해받는 그리스도인들을 돕는 사역 – 에 투자했다. 내가 인세를 전부 주님께 드린 지 얼마 지나지 않아, 내 책들이 갑자기 베스트셀러에 올랐다. 인세가 극적으로 늘어났으며, 마치 하나님이 "이제 너의 책은 내 것이니 내가 제대로 사용하겠다."라고 하시는 것 같았다. 지금까지 우리 선교단체는 어떤 사람들이 끔찍하고 비극적이라고 생각하는 사건들의 직접적인 결과로서 수백만 달러를 기부할 수 있었다. 되돌아보면, 우리는 이 모든 일에 깊이 감사한다.

얼마 전, 낙태시술병원이 내게서 손해배상을 받아내도록 판결 받은 10년이 끝났다. 우리 단체의 이사회가 내게 이제부터 인세를 우리에게 돌려주고 싶다고 했다. 우리가 그 돈을 번 것이라고 느꼈기 때문이었다. 낸시와 나는 이 일을 놓고 대화를 나누고 기도했다. 하나님이 지난 10년 동안 우리의 필요를 성실하게 채워주셨고, 은혜롭게도 인세를 통해 여러 가지 큰일에 후원할 수 있게 하셨다. 그런데 우리가 이런 상황을 바꾸고 싶어 할 이유가 있겠는가? 우리는 더 높은 수준의 삶이 필요하지 않았다. 우리는 아주 기쁜 마음으로 "감사하지만, 사양하겠습니다."라고 했다.

몇 달 후, 낙태시술병원은 10년 연장 판결을 받아냈다. 낸시와 내가 인세 제의를 거절할 때는 이런 일이 있을 줄 전혀 몰랐으며, 그러기에 더욱 감사했다. 우리가 첫 시련을 통해 얻은 교훈이 지금도 우리에게 큰 유익을 끼친다. 하나님이 우리에게 말할 수 없는 기쁨을 주셨다. 왜냐하면 인세의 마지막 한 푼까지 영원을 위해 투자되고 있음을 알기 때문이다.

인내는 진지한 바람 그 이상을 요구한다

인내는 우리가 계발하는 인격과 고결함의 잣대가 된다. 이제 특별한 일을 하는 신자들이 아니라 그리스도를 위해 일하는 모든 신자들에 대해 살펴보겠다.

나는 수천 명의 청중에게 물었다. "여러분 중에 5년, 10년, 30년 후에도 예수 그리스도께 팔려, 왕의 제자가 되고, 성령의 능력을 받으며, 그분의 말씀에 잠기고, 그분의 뜻에 복종하길 바라는 사람이 얼마나 되십니까?"

90퍼센트가 손을 들었다. 진심이었다. 곧, 나는 그들에게 나쁜 소식을 전했다. 손을 든 사람들 중 많은 수가 결코 그런 사람이 되지 못하리라는 것이었다. 그들은 유종의 미를 거두지 못할 것이다. 당장 손을 드는 것은 날마다 일련의 선택을 하면서 오래 순종하며 한 길을 가는 것보다 쉽다.

우리는 매일 사람이 되어간다. 문제는 어떤 사람이 되어 가느냐다. 성경은 이러한 인격의 발전 과정을 보여준다. "우리가 다 수건을 벗은 얼굴로 거울을 보는 것 같이 주의 영광을 보매 그와 같은 형상으로 변화하여 영광에서 영광에 이르니 곧 주의 영으로 말미암음이니라"(고후 3:18).

우리는 자신이 바라보는 사람처럼 된다. 그리스도를 보라. 그러면 그리스도처럼 된다. 피상적인 것과 부도덕한 것을 보라. 그러면 당신이 어떤 사람이 될지 예측하기 어렵지 않다.

날마다 우리가 하는 선택이 쌓여 어떤 사람이 될지를 결정한다. "의인의 길은 돋는 햇살 같아서 크게 빛나 한낮의 광명에 이르거니와"(잠 4:18). 성경이 우리에게 잘못된 선택을 계속 경고하는 이유가 여기 있다. "사악한 자의 길에 들어가지 말며 악인의 길로 다니지 말지어다 그의 길을 피하고 지나가지 말며 돌이켜 떠나갈지어다"(잠 4:14-15).

우리의 선택은 마음에서 나온다. 그러므로 우리는 마음이 더러워지지 않게 지켜야 한다. "모든 지킬 만한 것 중에 더욱 네 마음을 지키라 생명의 근원이 이에서 남이니라"(잠 4:23). 물을 오염시키는 가장 효과적인 방법은 무엇인가? 수원(水源)에 유독물질을 넣으면 된다. 마음을 세상의 가치관으로부터 지키지 못하면, 우리는 세상을 따라가게 된다(롬 12:1-2). 세상을 따라가는 일은 물길 따라 표류하는 것처럼 아무런 노력도 필요 없다. 우리의 마음을 새롭게 함으로 변화를 받는 것은 물길을 거슬러 헤엄치는 일과 같다. 우리의 마음을 새롭게 하려면 의식적이고 신중한 노력이 필요하다.

우리가 무엇을 기뻐하며 묵상하기로 선택하느냐에 따라 어떤 사람이 되느냐가 결정된다. 시편 1편은 인내의 강력한 공식이다. "복 있는 사람은 악인들의 꾀를 따르지 아니하며 죄인들의 길에 서지 아니하며, 오만한 자들의 자리에 앉지 아니하고"

우리는 누구나 묵상하며, 우리가 묵상하는 대상이 우리를 빚는다. 우리의 태도와 행동이 묵상에서 나온다. 이번 주에, 시트콤과 연속극과 신문이 나를 빚을 것인가 아니면 이사야와 누가와 토저와 스펄전이 나를 빚을 것인가? 내가 어떻게 시간을 보낼지 선택하느냐에 달렸다.

시편 1편은 하나님의 말씀을 지속적으로 묵상하는 사람은 "시냇가에 심은 나무가 철을 따라 열매를 맺으며 그 잎사귀가 마르지 아니함 같으니"라고 말한다. 나무는 자신이 어디에 있을지 선택하지 않지만 우리는 선택한다. 우리는 어느 근원에서 양분을 취할지 결정하며, 그 결정에 따라 우리가 열매를 맺을지 아니면 시들지가 결정된다.

인내는 결코 저절로 이루어지지 않는다

그리스도를 따르는 일은 마술이 아니다. 그리스도를 따르려면 반복적으로 행동하고 그 행동을 습관과 삶의 훈련으로 발전시켜야 한다.

마라톤이나 등산이 저절로 되지 않으며, 좋은 결혼생활이 저절로 되지 않듯이, 그리스도 중심의 인내도 저절로 이루어지지 않는다.

인내는 좋은 계획을, 한 발씩 전진하는 분명하고 손에 잡히는 계획을 요구한다. 농부는 땅을 간다. 잡초를 뽑는다. 농부는 "주님, 잡초를 제거해 주세요!" 라고 말하지 않는다. 농부는 "주님, 제게 잡초를 뽑을 힘을 주세요!" 라고 기도한다.

달리기 선수는 "주님, 나가서 우승해주세요!" 라고 말하지 않는다. 달리기 선수는 "하나님, 제가 열심히 최선을 다해 달릴 힘을 주시고, 당신의 뜻이라면 우승하게 해 주세요!" 라고 기도한다.

영성의 열쇠는 성경 읽기와 암송과 기도 같은 작은 습관을 기르는 것이다. 우리가 날마다 한 걸음씩 내디딜 때 시들어 죽기보다 자라서 인내하는 사람이 된다.

당신이 바른 식습관과 규칙적인 운동에 관해 지속적으로 좋은 결정을 내리면, 지금부터 10년 후 자기 삶을 돌아보고 싶겠는가? 물론이다. 그러나 바람과 현실 사이에는 엄청난 간격이 있다. 이 간격을 잇는 다리가 성령의 열매인 절제다(갈 5:22-23). 절제의 비결은 훈련인데, 훈련은 우리가 하나님의 성령에 복종하는 작은 선택들로 이루어진 장기적인 기록을 낳으며, 새로운 습관과 생활방식으로 나타난다. 성령의 다스림과 절제는 밀접한 관련이 있다. 왜냐하면 경건한 절제는 자신을 하나님의 성령에 복종시키는 것이기 때문이다.

우리들 대부분은 코티지 치즈(cottage cheese, 두부처럼 연하고 묽은 치즈)를 먹는 것과 크리스피 크림(Krispy Kremes, 설탕이 많이 들어간 도넛)을 먹는 게 어떻게 다른지 안다. 또는 날마다 훈련하는 것과 소파에 앉아 시간을 보내는 것이 어떻게 다른지 안다. 마찬가지로, 성경을 읽는 것과 읽지 않는 것, 저녁에 드라마나 연예오락 프로그램을 보는 것과 성경이나 훌륭한 기독교 서적을 읽는 것은 차이가 있다. 당장은 차이가 미미해 보이겠지만 쌓이고 싸이면 그 차이가 커질 것이다.

많은 사람들이 책을 쓰고 싶다고 말한다. 그러나 이들이 실제로 만들어야 하는 것은 **탈고된** 책이다. 책을 쓰는 일에 대해 말하기란 매우 쉽다. 그러나 책을 쓰기란 매우 어렵다. 작가보다 이야기꾼이 많은 이유가 여기 있다. 그리스도인의 삶을 살기보다는 그리스도인의 삶에 대해 말하는 사람이 더 많은 이유도 여기 있다.

우리는 영적 훈련의 열매를 원하지만 여기에 필요한 일을 하기 싫어할 때가 많다. 희생 없는 상을 원한다.

인내의 삶을 살려면 힘든 일을 많이 해야 한다. 그러나 이러한 힘든 일이 우리의 삶에 목적과 기쁨과 만족을 준다.

인내는 매일 선한 일을 하겠다는 선택을 포함한다

몇몇 독자들이 지금 무슨 생각을 하는지 안다. **그리스도인의 삶에서**

이루어지는 이러한 훈련을 강조하는 것은 율법주의로, 행위로 의를 이루려는 시도처럼 들리지 않는가? 우리는 행위가 아니라 오직 의를 말해야 하지 않는가?

아니다. 종교개혁자들은 행위에 기초한 의(works-righteousness)를 반대했으나 의로운 행위(righteous works)는 **절대로** 반대하지 않았다. 참으로, 하나님은 수많은 의로운 행위와 훈련된 인내의 영을 높여 종교개혁을 일으키셨다. 하나님의 주권적 은혜가 우리에게 선한 일을 할 힘을 주며, 선한 일은 우리 소명의 중심에 있다.

너희는 그 은혜에 의하여 믿음으로 말미암아 구원을 받았으니 이것은 너희에게서 난 것이 아니요 하나님의 선물이라 행위에서 난 것이 아니니 이는 누구든지 자랑하지 못하게 함이라 우리는 그가 만드신 바라 그리스도 예수 안에서 선한 일을 위하여 지으심을 받은 자니 이 일은 하나님이 전에 예비하사 우리로 그 가운데서 행하게 하려 하심이니라(에베소서 2:8-10).

주목하라. 이 본문은 하나님이 우리가 믿을 교리를 준비해 두신 게 아니라 우리가 행할 일을 준비해 두셨다고 말한다. 하나님은 우리가 평생 행할 선한 일을 준비해 두셨다. 우리는 **선한 행위로** 구원받는 게 아니라 하나님의 능력으로, 그분의 영광을 위해 **선한 일을 하도록** 구원받았다.

성경은 능력 있는 그리스도인의 삶을 살려는 우리의 노력에 하나님이 힘을 더하시는 모습을 자주 묘사한다. "우리가 그를 전파하여 각 사람을 권하고 모든 지혜로 각 사람을 가르침은 각 사람을 그리스도 안에서 완전한 자로 세우려 함이 이를 위하여 나도 내 속에서 능력으로 역사하시는 이의 역사를 따라 힘을 다하여 수고하노라"(골 1:28-29).

그러므로 인내하길 원한다면 하나님께 한발 한발 내디딜 힘을 구하라. 그런 후에는 내딛기 시작하라. 아침에 알람이 울리면, 하나님께 힘을 구하라. 그러나 당신을 침대에서 끌어내시고, 성경책을 펴주시며, 특정한 구절을 보여 달라고 기도하지는 마라.

인내는 훈련의 목적을 지속시킨다

『영적 훈련』(Spiritual Disciplines of the Christian Life, 네비게이토)[4]에서, 도날드 휘트니(Donald Whitney)는 여섯 살 소년 케빈의 이야기를 들려준다. 부모가 케빈에게 기타 레슨을 시킨다. 케빈은 매일 학교에서 돌아오면 거실에 앉아 서툴게 기타를 치면서 길 건너편에서 야구를 하는 친구들의 모습을 지켜본다.

어느 날, 천사가 찾아와 케빈을 카네기홀로 데려간다. 케빈은 무대에서 훌륭한 기타 연주자를 본다. 케빈은 그 연주자의 기교와 아름다운 연주에 넋을 잃는다. 마침내 천사가 묻는다. "케빈, 어땠니?" 케빈이 대답한다. "정말 대단했어요!"

순식간에 천사와 케빈은 다시 거실로 돌아온다. 천사가 케빈에게 말한다. "네가 본 훌륭한 음악가는 15년 후의 **너**란다." 그리고 한 마디를 덧붙인다. "하지만 네가 부지런히 연습했을 때의 모습이란다."

케빈은 힘을 얻는다. 이제 케빈에게는 꿈이 생겼으며, 날마다 연습해야 할 목적이 생겼다. 연습은 여전히 힘들지만 그만한 가치가 있다. 왜냐하면 자신이 연습하는 목적을 알며, 연습이 자신을 어떻게 만들어줄지 알기 때문이다.

"경건에 이르도록 네 자신을 연단하라"(딤전 4:7). "연단하다"로 번역된 헬라어는 이 구절에서 "연습하다"는 뜻으로 쓰였다.

기타 연습이 영광스럽지 않듯이, 연습은 영광스럽지 않다. 나는 고등학교 테니스 부를 지도한다. 선수들은 경기에서 도움이 될 부분을 수없이 연습한다. 연습을 하지 않는 팀은 이기지 못한다. 연습하지 않은 선수들은 실력이 뛰어나지 않거나 경기에서 버티지 못한다.

나는 연습이 싫을 때가 많은데, 그럴 때마다 연습의 **목적**과 결과와 상을 떠올리며, 연습하지 **않은** 결과도 그려본다. 영성 훈련에서도 똑같이 하며, 훈련의 목적과 결과뿐 아니라 훈련하지 않은 결과까지 떠올린다. 이런 과정들이 내게 자극이 된다.

하나님과 시간을 보내거나 성경을 공부하거나 훌륭한 책을 읽고 후회한 적이 있는가? 우리를 가장 부유하게 하고, 우리에게 기쁨과 만족을 주는 일을 소홀히 할 이유가 있겠는가?

훈련의 목적을 마음에 분명히 새기지 않으면, 알람을 꺼버리고 일어나지 않는다. 하루를 하나님과 함께 시작하기로 결심했다면, 잠자리를 박차고 나와야 한다. 영적 훈련을 가능하게 하는 **육체적** 훈련이 없이는 영적 훈련도 없다.

운동장에서 달음질하는 자들이 다 달릴지라도 오직 상을 받는 사람은 한 사람인 줄을 너희가 알지 못하느냐 너희도 상을 받도록 이와 같이 달음질하라 이기기를 다투는 자마다 모든 일에 절제하나니 그들은 썩을 승리자의 관을 얻고자 하되 우리는 썩지 아니할 것을 얻고자 하노라 그러므로 나는 달음질하기를 향방 없는 것 같이 아니하고 싸우기를 허공을 치는 것 같이 아니하며 내가 내 몸을 쳐 복종하게 함은 내가 남에게 전파한 후에 자신이 도리어 버림을 당할까 두려워함이로다(고전 9:24-27).

바울은 디모데에게 좋은 병사로서 고난을 견디라고 한 후 이렇게 말한다. "경기하는 자가 법대로 경기하지 아니하면 승리자의 관을 얻지 못할 것이며 수고하는 농부가 곡식을 먼저 받는 것이 마땅하니라"(딤후 2:3-7).

병사들과 운동선수들과 농부들이 공통으로 하는 일이 무엇인가? 이들은 육체적인 활동을 한다. 이들은 훈련을 받는다. 이들은 신중하다. 이들은 열심히 일한다. 그래야만 승리와 수확의 기쁨을 누린다. 열심히 일하지 않으면, 그 어떤 그리스도인도 인내하지 못한다.

달라스 윌라드(Dallas Willard)는 『영성훈련』(The Spirit of the Discipline, 은성)에서 이렇게 말한다.

> 우리가 자신이 원하는 바를 이루기 위해 순간적인 노력의 힘만을 너무나 강하게 믿고 우리의 삶 전체에서 인격의 변화가 일어나야 한다는 점을 완전히 무시한다면, 이것은 미혹되고 변덕스러운 인간의 일부를 보여줄 뿐이다. 일반적인 잘못은 옳고 중요한 것을 원하지만 그와 동시에 우리가 옳다고 아는 행동과 우리가 누리길 원하는 상황을 실현하는 삶에 선념하지 않는다는 것이다. 이러한 인간의 특징은 왜 지옥으로 인도하는 길이 선한 의도로 포장되어 있는지 설명해준다. 우리는 옳은 것을 의도하지만 그것을 실현하는 삶은 회피한다. [5]

인내하는 삶을 위해 육체를 제물로 드려야 한다

그러므로 너희는 죄가 너희 죽을 몸을 지배하지 못하게 하여 몸의 사욕에 순종하지 말고 또한 너희 지체를 불의의 무기로 죄에게 내주지 말고 오직 너희 자신을 죽은 자 가운데서 다시 살아난 자 같이 하나님께 **드리며** 너희 지체를 의의 무기로 하나님께 **드리라**(롬 6:12-13).

인내하려면 몸을 성령께 복종시키는 삶을 살아야 한다. 우리가 몸이 없이 무엇을 할 수 있겠는가? 이것이 로마서 12장 1-2절이 의미하는 바다.

그러므로 형제들아 내가 하나님의 모든 자비하심으로 너희를 권하노니 너희 몸을 하나님이 기뻐하시는 거룩한 산 제물로 **드리라** 이는 너희가 **드릴** 영적 예배니라 너희는 이 세대를 본받지 말고 오직 마음을 새롭게 함으로 변화를 받아 하나님의 선하시고 기뻐하시고 온전하신 뜻이 무엇인지 분별하도록 하라.

마음과 몸의 상호관계에 주목하라. 단지 마음을 새롭게 하면 몸이 따라 올 거라고 기대해서는 안 된다. 오히려 우리의 마음이 새롭게 될

수 있는 자리에 우리의 몸을 두어야 한다.

우리가 수표에 서명하여 헌금함에 넣을 때는 손을 사용한다. 구제라는 육체적 훈련을 통해 우리의 보화를 두는 곳에 우리의 마음도 있다(마 6:21). 우리는 마음을 열어 복음을 나눈다. 우리는 다리를 움직여 부도덕을 피한다. 우리는 정욕을 품은 채 사람을 쳐다보지 않으려고 눈을 돌린다.

몸의 행동이 성경을 펴고 텔레비전을 켠다. 책을 읽거나 하나님의 음성을 들으려면 시끄럽고 공격적인 세상에서 귀와 눈을 돌리는 집중적인 노력을 기울여야 한다. 우리는 영적 존재일 뿐 아니라 육체적 존재이기도 하다. 우리의 몸을 산 제물로 드리지 않으면 우리의 마음도 새로워지지 않는다. 왜 그런가? 몸에 공급된 것이 마음을 먹이고 빚기 때문이다.

시편 1편을 다시 한 번 보라. "복 있는 사람은 악인들의 꾀를 따르지 아니하며 죄인들의 길에 서지 아니하며 오만한 자들의 자리에 앉지 아니하고 오직 여호와의 율법을 즐거워하여 그의 율법을 주야로 묵상하는도다." 따르다, 서다, 앉다, 모두 육체적 행동이다. 말씀을 묵상하려면 성경을 손으로 펴고, 눈으로 보거나 입술로 읽어야 한다.

"너희가 어떻게 행할지를 자세히 주의하여 지혜 없는 자 같이 하지 말고 오직 지혜 있는 자 같이 하여 세월을 아끼라"(엡 5:15-16). 우리가 텔레비전, 신문, 비디오 게임, 전화, 시간 외 일, 취미 등에 쓰는 시간을 매일 2시간씩이라도 되찾아야 하지 않겠는가? 습관을 바꿔라. 한 시간을 성경 묵상과 암송에 써라. 나머지 한 시간은 훌륭한 책을 읽는 데 써라. 이렇게 해서 배운 바를 배우자나 자녀나 친구와 나누어라.

빨래를 개거나 잡초를 뽑거나 운전을 할 때, 성경과 오디오 책과 찬양에 귀를 기울여라. 라디오 토크 프로그램이나 스포츠 중계에 "싫어!" 하고 말하라. 이것들이 나쁘기 때문이 아니라 해야 할 더 나은 일이 있기 때문이다. 텔레비전과 라디오와 인터넷을 일주일만 끊어보라. 그리고 얼마나 더 많은 시간이 생기는지 보라. 내적인 삶을 촉진하는 새로운 습관을 기르고 그리스도 안에 거하는 법을 배움으로써 그 시간을 되찾아라. "나는 포도나무요 너희는 가지라 그가 내 안에 내가 그 안에 거하면 사람이 열매를 많이 맺나니 나를 떠나서는 너희가 아무 것도 할 수 없음이라"(요 15:5).

삶의 첫 번째 자리를 예수님께 드려라. 아무렇게나 되는대로 살지 말라. 그러지 않으면 마지막에 자신의 삶을 되돌아보며 후회한다. 그리스도의 제자로서 인내하려면, 삶을 허비하거나 게을리 살지 않는 대신에 중요한 일에 투자하겠다고 의식적으로 선택해야 한다.

인내의 삶을 위해서는 친구를 잘 선택해야 한다

일터에서든 학교에서든 교회에서든 커피숍에서든 간에, 누군가와 시간을 보내기로 선택하면 그 사람처럼 된다. "속지 말라 악한 동무들은 선한 행실을 더럽히나니"(고전 15:33).

인내한 사람들에게 물어보라. 그러면 그들이 기준을 낮추는 대신에 높여준 좋은 친구를 선택했음을 알 것이다. 가장 가까운 친구들이 예수님을 따르지 않으면, 자신도 그분을 따르지 않을 온갖 이유가 매일 끊이지 않는다. 가장 가까운 친구들이 예수님을 따르면, 긍정적인 또래 압력 때문에 자신도 제자의 삶을 살게 된다. "지혜로운 자와 동행하면 지혜를 얻고 미련한 자와 사귀면 해를 받느니라"(잠 13:20). 우리가 누구와 여가 시간을 보내느냐에 따라 우리의 삶이 극적으로 달라진다.

텔레비전과 독서는 우리가 누군가와 함께 있게 해주고 다른 누군가와는 함께 있지 못하게 한다. 결정은 자신에게 달렸다. 감질 나는 드라마 대신 스펄전과 함께함으로써 달라지고 싶지 않은가? 오랜 시간에 걸쳐 하나님과 가족과 이웃과 점점 가까워지려면 어떻게 해야 하겠는가? 텔레비전을 봐야 하는가 아니면 텔레비전을 끄고 중요한 일, 영원에 투자하는 일을 해야 하는가?

그리스도인의 삶을 살면서 인내하는 좋은 방법 중 하나는 오랫동안 한 길을 가며 순종한 예수님 제자들의 삶을 연구하고 본받는 것이다. 이렇게 하려면, 역사와 전기를 읽어야 한다. 살아 있으나 죽은 사람들이 아니라 죽었으나 여전히 살아 있는 사람들에게서 배워라. 윌리엄 윌버포스(William Wilberforce)나 에이미 카마이클(Amy Carmichael, 1867-1951, 북아일랜드 출신으로 인도에서 55년간 사역한 여자 선교사 - 옮긴이)의 전기를 읽는 것과 시트콤 드라마를 보는 것을 비교해 보라. 어느 쪽이 우리가 그리스도를 닮아가는 데 도움이 되겠는가? 유명 인사들에게서 눈을 돌리고 예수님의 제자들을 바라보라. 자신에게 물어라. 그들이 그렇게 되기 위해 무엇을 했으며, 내가 그들을 본받으려면 내 삶을 어떻게 정돈해야 하는가?

목사라고 해서 신학자의 책만 읽을 필요는 없다. 스텐리 탬(Stanley Tam)이라는 사업가는 자신이 설립한 유에스 플라스틱(U.S. Plastic)의 주인은 하나님이라고 선언했다. 토공기계(earth-moving machinery, 흙을 파거나 다지거나 옮기는 기계류 - 옮긴이)를 발명한 르뚜르너(R. G. Letourneau)는 급여의 90퍼센트를 하나님께 바쳤다.

하나님은 우리의 교회에도 오랫동안 한 길을 가며 순종한 모범적인 사람들을 두셨다. 이들을 찾아 함께 시간을 보내라. 어리석은 자들이 아니라 지혜로운 사람들의 발 앞에 앉아라.

나쁜 책은 하찮은 친구다. 좋은 책은 훌륭한 친구다. 나는 본회퍼의

『나를 따르라』(The Cost of Discipleship)를 최근에 다시 읽었다. 오늘 아침에는 C. S. 루이스를 읽었는데 오후가 되어도 내 속에 그의 체취가 남아 있다. 나는 좋은 영화를 즐기며, 제한적이지만 텔레비전도 본다. 그러나 사실, 텔레비전을 보며 하루를 보냈다면 제자로서의 삶이 전혀 나아지지 않았을 것이다.

특히 청소년들 사이에서 독서량이 떨어지는 현상을 깊이 걱정하는 이유도 여기 있다. 남자 아이들은 비디오 게임, 영화, 텔레비전, 웹사이트, 아이팟(iPods)에, 그리고 온갖 기능을 갖춘 휴대폰으로 문자를 보내고 인터넷을 하고 텔레비전을 보는 데에 점점 더 많은 시간을 보낸다. 이들은 이전 세대의 남자 아이들에 비해 책을 훨씬 덜 읽는다. 책을 읽지 않는 아이들은 책을 읽지 않는 어른이 된다. 책을 읽지 않는 사람은 하나님의 말씀도 읽지 않는다. 이러한 경향이 바뀌지 않으면 – 단호한 간섭이 없이는 불가능하다 – 결국 불의한 생각과 삶의 물결이 밀려오며, 내일의 교회는 리더십의 큰 위기를 겪을 것이다.

우리는 다음 세대를 얕음과 부도덕과 이단에 잃을 심각한 위험에 처했다. 왜냐하면 이들은 성성을, 성경에 근거한 훌륭한 책을 깊이 파지 않기 때문이다. 인내를 이루어 낼 그리스도인의 인격을 기르는 일에 헌신된 가정과 교회가 이 문제를 계속 다루어야 한다.

겸손과 관용과 정결로 인내에 이르라

젊은 자들아 이와 같이 장로들에게 순종하고 다 서로 겸손으로 허리를 동이라 하나님은 교만한 자를 대적하시되 겸손한 자들에게는 은혜를 주시느니라 그러므로 하나님의 능하신 손 아래에서 겸손하라 때가 되면 너희를 높이시리라(벧전 5:5-6).

교만을 선택하면 하나님의 반대에 부딪힌다. 겸손을 선택하면 하나님의 은혜를 받는다. 겸손한 자들은 견디는 반면에 교만한 자들은 넘어지는 이유가 여기 있다. 우리 가운데 그 누구도 자신을 유명한 자로 보지 말고 순전히 종으로 봐야하는 이유도 여기 있다. 우리는 하나님의 심부름꾼이다. 이 얼마나 큰 특권인가!

하나님은 그분이 최선이라고 생각하는 방법으로 우리를 낮추신다. 하나님이 내게 가장 잘하신 일 가운데 두 가지는 만성 질병(인슐린 의존성 당뇨)과 내가 사랑하는 교회를 사임하지 않을 수 없게 했던 낙태시술병원의 소송이다. 내게 선택권이 있었다면 둘 가운데 하나도 선택하지 않았을 것이다. 그러나 나는 하나님을 신뢰하는 일에 대해 배운 바를 포기하느니 둘 모두를 기쁘게 받아들이겠다. 하나님은 우리 몸의 가시를 통해 "내 은혜가 네게 족하도다 이는 내 능력이 약한 데서 온전하여짐이라" 하고 말씀하신다.

"교만은 패망의 선봉이요 거만한 마음은 넘어짐의 앞잡이니라"(잠 16:18). 하나님이 교만한 자를 쓰러뜨리는 가장 큰 두 가지 방법은 그리스도인의 삶에서 인내를 위협하는 가장 큰 두 가지 위협이기도 하다. 바로 돈과 섹스라는 쌍둥이 우상이다.

인내를 위협하는 돈 우상

예수님은 "재물의 유혹"에 질식당하지 말라고 경고하신다(마 13:20-22). 부(富)는 절대로 주지 못할 것들, 즉 성취와 만족과 기쁨을 약속한다. 물질은 질량이 있고, 질량은 중력이 있고, 중력은 사람들이 물질을 중심으로 궤도를 돌게 한다. 그리스도 대신에 물질이 우리의 중심이 된다.

건강과 부의 복음에 속은 사람들은 질병과 고난과 가난이 닥치면 많이 떠나간다. 이들은 하나님이 약속을 어겼다고 생각한다. 왜냐하면 이들은 "무릇 그리스도 예수 안에서 경건하게 살고자 하는 자는 박해를 받으리라"(딤후 3:12)와 같은 약속을 무시했기 때문이다. 전 세계 그리스도인들이 고난을 알고, 그 고난 가운데 하나님을 영화롭게 하며 끝까지 인내한다. 번영의 신학, 권리의 신학은 예수님에게서 나오지 않았다. 이것은 기독교화된 서구 물질주의의 산물이다. 중국보다 캘리포니아에 더 맞는 복음은 진정한 복음이 아니다.

내가 『부자 그리스도인』(The Treasure Principle, 생명의말씀사)과 『돈, 소유, 그리고 영원』(Money, Possessions, and Eternity, 예영커뮤니케이션)에서 다루었듯이, 드림(giving, 이 말은 "구제"의 의미도 내포한다 - 옮긴이)은 물질주의의 유일한 해독제다. 인내하며 신앙을 지키는 가장 좋은 방법 중 하나는 더 많이 주며, 자신을 그리스도에게서 멀어지게 만드는 대상에 관심을 덜 두고 자신을 그리스도께로 인도하는 대상에 관심을 더 두는 것이다. 예수님이 말씀하셨듯이, "네 보물 있는 그 곳에는 네 마음도 있느니라"(마 6:21).

그렇다면 자신과 가족이 먹고 사는 데 필요한 만큼만 남기고 나머지는 하나님 나라를 위해 써야하지 않겠는가? 우리가 움켜쥐는 것이 우리를 만족시키지 못한다. 우리가 주는 것이 우리를 붙잡은 돈의 손을 풀며 우리가 하나님의 은혜에 붙잡히는 체험을 하도록 돕는다.

각 교회마다 기도의 용사들이 있다. 그렇다면 드림의 용사는 어디 있는가? 다음 세대가 드림을 배우려면 누구에게 가야 하는가? 그들이 우리에게서 기독교 물질주의자가 되는 법을 배웠다면 인내하는 그리스도인으로서 살 거라고 어떻게 기대하겠는가?

인내를 위협하는 섹스 우상

음란은 인내하는 그리스도인의 삶을 가로막는 또 하나의 큰 장애물이다. 교회 지도자들을 포함해 수많은 그리스도인들이 도덕적 몰락으로 이어지는 한 번의 어리석은 선택 때문에 줄줄이 침몰했다. 강도가 침입할 위험이 있다고 생각하지 않는 사람들은 현금을 보이는 곳에 두고 문도 잠그지 않는다. 마찬가지로, 자신은 절대로 음란에 빠지지 않는다고 생각하는 사람들은 어디에 가며, 무엇을 하며, 누구와 시간을 보낼지에 관해 어리석은 선택을 하며, 그 결과 거의 예외 없이 음란에 빠진다.

사탄은 우리를 부도덕하게 만들려고 애쓰며, 사회는 그에게 탄약을 무수히 공급한다. 비극적이게도, 대부분의 기독교 가정에서도 음란물에 접근하기가 어렵지 않다. 부모들은 안일한 생각을 그치고 자녀들을 적극적으로 보호해야 한다. 십대 소년이 자기 방에서 인터넷을 하게 둔다면, 그의 옷장을 수백 권의 포르노잡지로 채워놓은 채 "보면 안 돼!"라고 말하는 것과 다르지 않다. 지나치다고 여긴다면, 교회에 나오는 아이들을 포함해 얼마나 많은 청소년들이 가정에서 포르노그래피의 노예가 되어 가는지 모르기 때문이다.

정욕에 사로잡힌 사람들은 그리스도 중심의 영원한 유산을 남기지 못한다. 우리 자녀들이 음란으로 가득한 텔레비전과 영화뿐 아니라 포르노그래피와 채팅방, 그리고 마이 스페이스(My Space)에 등록된 많은 자료에 접근하도록 놔두면 그들이 예수님에 관해 배운 전부를 허무는 꼴이다. 이것들은 우리 아이들을 예수님에게서 떼어 놓고, 절대로 그분에게 돌아가지 못하게 만든다.

우리와 아이들이 그리스도인의 삶에서 인내하려면 섹스 우상을 부수고 마음을 지키며, 자신을 매일, 매시간 예수님께 새롭게 드려야 한다. 그래야만 지금의 대중문화를 지배하는 죄의 결박에서 벗어날 수 있다. 그래야만 자녀들을 보호할 수 있다. 우리 자신이 음란의 노예가 된다면 절대로 자녀들을 음란으로부터 지키고 바른 길로 인도하지 못한다.

우리의 진정한 나라를 고대하며 인내하라

우리는 그의 약속대로 의가 있는 곳인 새 하늘과 새 땅을 바라보도다 (벧후 3:13).

이는 그가 하나님이 계획하시고 지으실 터가 있는 성을 바랐음이라 이 사람들은 … 땅에서는 외국인과 나그네임을 증언하였으니 그들이 이같이 말하는 것은 자기들이 본향 찾는 자임을 나타냄이라 … 그들이 이제는 더 나은 본향을 사모하니 곧 하늘에 있는 것이라 이러므로 하나님이 그들의 하나님이라 일컬음 받으심을 부끄러워하지 아니하시고 그들을 위하여 한 성을 예비하셨느니라(히 11:10, 13-16).

이 구절은 천국에 있는 우리의 본향을 고대하는 것에 대해 말한다. 새 땅에서 부활한 사람으로, 우리는 영원히 주 예수님과 살며, 하나님이 처음 의도하신 대로 그분의 창조 세계를 다스릴 것이다. 그러나 많은 그리스도인들이 이것을 고대하지 **않는다**. 이들은 겨우 승진이나 은퇴를 고대한다. 이러한 무가치하고 단기적인 꿈 때문에, 이들은 힘든 제자의 삶을 견디지 못하거나 그 즐거움을 누리지 못한다.

영원의 시각에서 제자로서 겪는 어려움이 어떻게 보일지 생각해 보라.

생각하건대 현재의 고난은 장차 우리에게 나타날 영광과 비교할 수 없도다 피조물이 고대하는 바는 하나님의 아들들이 나타나는 것이니 … 피조물도 썩어짐의 종노릇 한 데서 해방되어(롬 8:18-21).

우리가 잠시 받는 환난의 경한 것이 지극히 크고 영원한 영광의 중한 것을 우리에게 이루게 함이니 우리가 주목하는 것은 보이는 것이 아니요 보이지 않는 것이니, 보이는 것은 잠깐이요 보이지 않는 것은 영원함이라(고후 4:17-18).

어느 날, 우리는 자신을 위해 우리를 지으신 분과 함께 하며, 그분이 우리를 위해 준비해 두신 곳에서 살 것이다. 우리는 기쁨을 호흡할 것이다. 거기서 우리는 왕의 왕이신 예수님을 통해 우리에게까지 미친 인내의 은혜에 감사할 것이다.

가장 좋은 것은 아직 오지 않았다는 사실을 자신에게 자주 상기시켜야 한다. 우리는 아직 정상에 이르지 않았으며, 부활하여 정상에 이르면 절대로 거기서 내려오지 않을 것이다. 이러한 확신은 지금 여기서 절제하며 살고, 만족을 뒤로 미루는 훈련의 삶을 살도록 도와준다. 왜냐하면 우리는 영원한 상이 영원한 기쁨의 근원이신 우리 주님 앞에서 우리를 기다리고 있음을 알기 때문이다.

내가 대의를 추구하며 살기로 결단했을 때, 아이들과 **함께** 희생하기로 결심했다. 우리 아이들은 자신이 사는 하나뿐인 집과 자신이 사랑하는 학교를 기꺼이 포기하려 했다. 역경의 결과를 알면서도 우리 아이들은 그렇게 하려 했다. 이런 인내는 자녀들에게 인격과 믿음과 통찰력을 길러주었다. 사람들은 내 선택 때문에 아이들이 고통받을 거라고 경고했지만 나는 부모가 하나님의 뜻을 행할 때가 아니라 그러지 않을때 아이들이 고통당한다는 것을 배웠다. 지금 그 어린 소녀들이 경건한 어머니가 되었다. 그 아이들이 우리와 함께 이 운동에 참여하지 않았다면, 아이들이 오랫동안 한 길을 가며 순종하도록 도와준 많은 교훈을 절대 얻지 못했을 것이다.

2006년 1월, 에콰도르에서 다섯 명의 선교사가 순교한 지 50주년이 되었다. 그 달 우리 교회에서는 다섯 명의 순교자 중 세 명의 가족과 그때 선교사들을 죽였으나 회심하여 이들에게 가족이나 다름없는 그 부족의 전사 민케이와 자리를 함께 했다. 우리에게 널리 알려진 순교자 짐 엘리어트의 형 베럿과 그의 아내 콜렌도 함께 했다. 이들은 짐 엘리어트가 에콰도르에 가기 수년 전부터 페루 선교사였다.

2006년 1월 우리가 만났을 때, 엘리어트의 형 베럿이 웃으며 말했다. "하루 빨리 돌아가고 싶습니다." 그들 부부는 80대였고, 선교사가 된 지 60년이 다 되었다. 난 그 주말 저녁에 이들을 만나기 전까지, 그들을 전혀 몰랐다. 베럿은 그날 절대 잊지 못할 말을 했다. "짐과 저는 똑같이 그리스도를 섬겼지만 방식이 서로 달랐을 뿐입니다. 짐은 하늘을 가로지르는 밝은 유성이었습니다."

베럿은 자신에 대해서는 말하지 않았다. 그는 밝은 유성이었던 짐과는 달랐다. 그러나 나는 그가 매일 밤 떠올라 늘 같은 하늘 길을, 땅에서는 보이지 않지만 충실하게 지나간 희미한 별이라고 말하고 싶다.

베릿 엘리어트와 콜렌 엘리어트 부부는 모든 교회의 "눈에 띄지 않게" 하나님 나라에 들어가겠지만 하나님의 눈에는 띌 것이다

> 땅의 티끌 가운데에서 자는 자 중에서 많은 사람이 깨어나 영생을 받는 자도 있겠고 수치를 당하여서 영원히 부끄러움을 당할 자도 있을 것이며, 지혜 있는 자는 궁창의 빛과 같이 빛날 것이요 많은 사람을 옳은 데로 돌아오게 한 자는 별과 같이 영원토록 빛나리라. (다니엘 12:2-3)

베릿 엘리어트와 콜렌 엘리어트 부부는 아무도 알아주지 않아도 오랫동안 순종하며 한 길을 갔다.

하나님을 따르려고 해외에 나가든 아니면 국내에 머물든 간에, 우리는 모두 똑같이 그리스도께 힘을 얻어 충실한 인내의 삶을 살라는 소명을 받았다.

가능한 한 후회 없이 삶을 마감하는 게 좋지 않겠는가?

그러므로 자신에게 물어라. **이 세상에서의 내 삶이 끝날 때, 덜 했거나 더 했다면 좋았으리라고 바라는 게 무엇인가?**

인격을 기르는 선택이라는 면에서, 자신이 했기를 바라는 것과 실제로 한 것 사이의 간격을 좁히는 일에 남은 삶을 사용하도록 하나님께 힘을 구해야 하지 않겠는가?

Certainties That Drives Enduring Ministry

사역 현장에서 맺은 믿음의 열매 2

3장 | 한 길을 꾸준히 걷는 사역의 비결

존 맥아더는 자신의 인격과 삶과 사역에 대해 가해질 수 있는, 가능한 모든 공격에 관하여 증언할 수 있을 만큼 한 교회에서 오랫동안 목회했다. 그래서 맥아더는 진리 수호라는 힘든 사역을 하며 생존하는 법을 배우기 위해 평생 바울의 삶을 연구했다. 특히 고린도후서를 깊이 연구한 끝에, 바울이 받아들인 사실들을 발견하고 자신의 삶에 적용한 원리들을 설명한다.

John MacArthur

존 맥아더

> 하나님의 전신 갑주를 취하라
> 이는 악한 날에 너희가 능히 대적하고
> 모든 일을 행한 후에 서기 위함이라(엡 6:13)

내가 어렸을 때, 아버지가 사도 바울의 말을 들려주셨다. "하나님의 전신 갑주를 취하라 이는 악한 날에 너희가 능히 대적하고 모든 일을 행한 후에 서기 위함이라"(엡 6:13). 그런 다음 내가 결코 잊지 못할 말씀을 하셨다. "많은 사람들이 많은 말을 하고 많은 일을 하지만 안개가 걷히고 나면 그 모든 게 다 남아있는 것은 아니란다." 그 어린 시절에, 아버지는 나를 바울의 비문으로 인도하셨다. "나는 선한 싸움을 싸우고 나의 달려갈 길을 마치고 믿음을 지켰으니"(딤후 4:7). 아버지는 내가 어려서부터 이것을 목표로 삼게 하셨다.

어제도 감사하고 내일도 감사하다

아버지는 2005년 아흔 한 살에 천국에 가셨는데, 그때까지도 주일마다 성경공부반을 인도하셨다. 아버지의 아버지이신 할아버지는 훨씬 이른 나이에 암으로 돌아가셨는데, 임종을 바라보며 침대 곁에 서 있던 때가 분명하게 생각난다. 그때 나는 열 살쯤이었는데, 아버지는 할아버지께 "아버지, 원하시는 게 있으세요?"라고 물었다. 할아버지는 "설교를 한 번 더 하고 싶구나!"라고 대답하셨다. 할아버지는 설교를 준비만 해놓고 하지 못하셨기 때문에 "나의 마음이 불붙는 것 같아서 골수에 사무치니 답답하여 견딜 수 없나이다"(렘 20:9)라고 했던 예레미야와도 같은 심정이셨다. 그래서 아버지는 할아버지의 원고를 받아 인쇄하여 장례식에서 그대로 설교했다. 설교 제목은 "천국의 기록"이었다. 그렇게 할아버지는 천국에서 천국에 관한 설교를 하셨다.

최근 어느 주일 밤, 나는 손자 둘에게 침례를 주었다. 물속에 서서 서로 사촌이며 내게는 손자인 타이와 올리바의 귀한 신앙고백을 들었다. 이들의 부모와 나는 지금까지 하나님의 은혜가 우리의 삶에 넘치고 그레이스 커뮤니티 교회(Grace Community Church)가 우리 삶에 큰 축복이 된 사실에 하나님께 더 없이 감사했다. 경건한 사람들로 구성된 교회 전체가 성경의 진리를 젊은이의 가슴에 심으려고 한마음으로 쉴 새

없이 큰 노력을 기울이는 모습처럼 아름다운 광경은 없다. 나는 오랜 세월 목사로 섬기는 특권을 내게 허락한 교회를 기뻐하며, 특히 내 가족이 그 교회에서 자라며 영적으로 닻을 내리는 모습을 지켜볼 수 있어 더 없이 기뻤다.

다른 곳에서 새롭게 시작하고 싶은 바람

평생 교회를 옮겨 다니며 여러 교회를 섬기는 목회자들이 많다. 가끔은 나도 목회의 시련 때문에 교회를 옮기고 싶은 마음이 들었다. 오래 전에 있었던 교역자 회의를 절대 잊지 못할 것이다. 내가 직접 훈련시킨 다섯 명의 젊은 친구들이 있었다. 나는 그들을 돌보았고, 주중에 이른 아침부터 그들과 함께 영적인 일을 의논했으며, 함께 기도했고, 그들을 동역하는 목사로 세웠다. 나는 회의장에 들어서면서 "나는 자네들을 정말로 사랑한다네!"라고 했다. 그러자 그 가운데 하나가 대답했다. "저희가 목사님의 친구라고 생각하신다면, 잘못 짚으신 겁니다." 그들은 나머지 교역자들과 장로들의 지지를 모아 나를 담임 목사 자리에서 밀어내고 강단에서 몰아내려 했다. 그들은 실패했으나 슬프게도 다섯 가운데 넷이 영원히 목회를 그만두었다. 나로서는 거의 견디기 힘든 순간이었다. 그때 갈 곳이 있었다면 교회를 옮겼을 것이다. 그레이스 커뮤니티 교회에 부임한 지 8년째 되던 해였다.

18년째 되던 해, 250명이 교회를 떠났다. 그들은 내 설교가 너무 길고 지루하다고 했으며, 그 외에도 여러 말을 했다. 그 가운데 몇몇은 장로였으며, 그 때문에 나는 모든 것을 의심하고 싶은 유혹을 느꼈다. 그때도 갈 데만 있었으면 교회를 옮겼을 것이다. 그러나 그때에도 갈 데가 없었다. 그러나 그것은 하나님의 은혜였다.

지금 이 순간이 가장 좋은 이유

나는 내가 겪은 모든 일에 감사한다. 왜냐하면 지금이 내 생애에 가장 좋고, 가장 놀랍고, 가장 만족스럽고, 가장 큰 성취를 맛보는 순간이기 때문이다. 내가 그레이스 커뮤니티 교회를 목양하도록 허락하신 하루하루를 하나님께 감사한다. 사람들이 내게 물었다. "어떻게 그렇게 오래 인내의 목회를 하셨습니까?" 하나님의 눈으로 보면, 그분의 주권적 섭리가 무수한 방법으로 (내가 알게 모르게) 작용하여 나를 지금의 자리에서 지켜주었다. 그러나 내 시각에서 보면 어떤가? 분명히 말하건대, 나만의 특별한 통찰이나 고상한 방법이나 기발한 생각은 없다.

내게는 남에게 추천할만한 혁신적 기술이 없다. 나는 사람의 계획이나 전략을, 특히 주님의 일을 할 때는 신뢰하지 않으며, 따라서 이런 부분에서는 당신에게 해 줄 얘기가 없다.

내가 노력한 일이 딱 하나 있다. **성경의 원리와 견고한 교리와 하나님의 진리에 내 온 삶을 집중하는 일**이었다. 삶의 모든 환경이 밀물과 썰물처럼 끊임없이 변하고 인간의 유행이 수시로 바뀔 때, 우리는 하나님의 말씀을 기초로 삼아야 한다. 아버지와 함께 했던 어린 시절 이후로, 나는 예수님이 누가복음에서 땅을 **깊이** 파고 주추를 반석 위에 놓았다고 하신 사람처럼(눅 6:48) 되려고 노력했다. 그러나 이것은 바란다고 이루어지는 일이 아니다. 어떤 사람들의 말과는 반대로, 이것은 말로 되는 일이 아니다. 예수님이 말씀하셨듯이, 그분이 말씀하신 지혜로운 건축자와 같은 사람은 단지 그분께 나와 그분의 말씀을 듣는 자가 아니라 그 말씀대로 행하는 자다(눅 6:47). 예수님이 다락방에서 제자들에게 말씀하셨듯이, **축복은 지식이 아니라 행함에서 온다**(요 13:17).

선한 싸움을 포기하지 않은 바울

내가 어릴 때, 아버지는 바울의 편지와 삶을 인용하여 가장 지혜로운 건축자에게로 나를 인도했다. 바울은 마지막 순간까지 투쟁한 선한 싸움에 관한 마지막 편지를 쓸 때 인생의 에베레스트에 있었으며, 정상에 올랐을 뿐 아니라 고결하고 성실하게 오른 사람들만이 아는 희박한 공기를 마시고 있었다. 아시아의 모든 사람이 그를 버렸음에도, 바울은 끝까지 선한 싸움을 포기하지 않았다. 디모데후서 4장의 나머지 부분은 그의 삶이 마지막 순간까지 전형적인 실망으로 가득했음을 보여준다. 바울이 가장 결정적인 순간에 이르고 마침내 결승점을 통과할 때, 그를 환호하는 군중도 없었다. 사실, 교회는 대부분 그에게 등을 돌렸으며, 세상은 그의 목을 자르려 했다.

바울의 오르막은 또한 내리막이었다

고린도후서부터 바울의 삶을 돌아보자.

찬송하리로다 그는 우리 주 예수 그리스도의 하나님이시요 자비의 아버지시요 모든 위로의 하나님이시며 우리의 모든 환난 중에서 우리를 위로하사 우리로 하여금 하나님께 받는 위로로써 모든 환난 중에 있는 자들을 능히 위로하게 하시는 이시로다 그리스도의 고난이 우리에게 넘친 것 같이 우리가 받는 위로도 그리스도로 말미암아 넘치는도다 우리가 **환**난 당하는 것도 너희가 위로와 구원을 받게 하려는 것이요 우리가 위로를 받는 것도 너희가 위로를 받게 하려는 것이니 이 위로가 너희 속에 역사하여 우리가 받는 것 같은 고난을 너희도 **견디**게 하느니라 너희를 위한 우리의 소망이 **견고함**은 너희가 고난에 참여하는 자가 된 것 같이 위로에도 그러할 줄을 앎이라 형제들아 우리가 아시아에서 당한 **환**난을 너희가 모르기를 원하지 아니하노니 힘에 겹도록 심한 고난을 당하여 살 소망까지 끊어지고 우리는 우리 자신이 사형선고를 받은 줄 알았으니 이는 우리로 자기를 의지하지 말고 오직 죽은 자를 다시 살리시는 하나님만 의지하게 하심이라(고후 1:3-9).

위로가 있었던 이유는 바울의 삶이 고난과 고통으로 넘쳤기 때문이다. 바울은 사람이 당할만한 일을 모두 당했다. 육체적 박해, 궁핍, 질병, 영적 싸움과 실망 등. 사실, 고린도후서에서 주를 이루는 배경은 바울이 겪은 풍파다.

우리가 사방으로 우겨쌈을 당하여도 싸이지 아니하며 답답한 일을 당하여도 낙심하지 아니하며 박해를 받아도 버린 바 되지 아니하며 거꾸러뜨림을 당하여도 망하지 아니하고 우리가 항상 예수의 죽음을 몸에 짊어짐은 예수의 생명이 또한 우리 몸에 나타나게 하려 함이라(고후 4:8-11).

하나님의 종으로서 우리 자신을 모든 면에서 칭찬하노라. 고난과 어려움과 매질과 투옥과 난동과 수고와 자지 못함과 굶주림 … 모욕 … 비방 … 에서 크게 인내하였느니라 … 우리는 속이는 자로 취급받았고 … 아무 것도 없는 자로 취급 받았느니라(고후 6:4-10, ESV 직역).

우리가 마게도냐에 이르렀을 때에도 우리 육체가 편하지 못하였고 사방으로 환난을 당하여 밖으로는 다툼이요 안으로는 두려움이었노라 그러나 낙심한 자들을 위로하시는 하나님이 디도가 옴으로 우리를 위로하셨으니(고후 7:5-6).

위대한 사도 바울도 우울증을 앓았는가? 그렇다.

그들이 그리스도의 일꾼이냐 정신없는 말을 하거니와 나는 더욱 그러하도다 내가 수고를 넘치도록 하고 옥에 갇히기도 더 많이 하고 매도 수없이 맞고 여러 번 죽을 뻔하였으니 유대인들에게 사십에서 하나 감한 매를 다섯 번 맞았으며 세 번 태장으로 맞고 한 번 돌로 맞고 세 번 파선하고 일주야를 깊은 바다에서 지냈으며 여러 번 여행하면서 강의 위험과 강도의 위험과 농속의 위험과 이방인의 위험과 시내의 위험과 광야의 위험과 바다의 위험과 거짓 형제 중의 위험을 당하고 또 수고하며 애쓰고 여러 번 자지 못하고 주리며 목마르고 여러 번 굶고 춥고 헐벗었노라 이 외의 일은 고사하고 아직도 **날마**

다 내 속에 눌리는 일이 있으니 곧 모든 교회를 위하여 염려하는 것이라 누가 약하면 내가 약하지 아니하며 누가 실족하게 되면 내가 애타지 아니하더냐(고후 11:23-29).

여러 계시를 받은 것이 지극히 크므로 너무 자만하지 않게 하시려고 내 육체에 가시 곧 사탄의 사자를 주셨으니 이는 나를 쳐서 너무 자만하지 않게 하려 하심이라 이것이 내게서 떠나가게 하기 위하여 내가 세 번 주께 간구하였더니 나에게 이르시기를 내 은혜가 네게 족하도다 이는 내 능력이 약한 데서 온전하여짐이라 하신지라 그러므로 도리어 크게 기뻐함으로 내 여러 약한 것들에 대하여 자랑하리니 이는 그리스도의 능력이 내게 머물게 하려 함이라 그러므로 내가 그리스도를 위하여 약한 것들과 능욕과 궁핍과 박해와 곤고를 기뻐하노니 이는 내가 약한 그 때에 강함이라(고후 12:7-10).

이 모든 구절을 일일이 소개하는 이유는, 이제 인생의 마지막에 이른 사람이 "나는 선한 싸움을 싸우고 나의 달려갈 길을 마치고 믿음을 지켰으니"라고 말했기 때문이다. 바울은 어떻게 이렇게 할 수 있었는가? 바울이 겪은 실망은 그를 부서뜨리기에 충분했다. 사실, 바울이 고린도후서를 쓴 주요 이유는 교회가 바울에게 등을 돌리고 거짓 선생들을 좇았기 때문이었다. 바울이 거의 2년을 투자하며 그들에게 그리스도를 아는 지식을 가르쳤는데도 불구하고 배반을 당한 것이다! 바울은 짝사랑의 아픔을 알았다. 때로는 바울이 그들을 사랑할수록 그들은 바울을 덜 사랑하는 듯이 보였다. 교인들 가운데는 바울의 외모를 공격하는 사람들까지 있었다. 이들은 바울의 외모가 인상적이지 못하며 그의 연설은 무시해도 좋다고 했는데, 바울이 못생겼으며 말이 어눌했다는 뜻이다. 못생겼지만 말이 유창하다면 해낼 수 있다. 잘생겼지만 말이 어눌하다면 한동안 버틸 수 있다. 그러나 거짓 선생들이 사방에서 공격했다. 이들은 바울에 대한 사람들의 신뢰를 무너뜨리고 자신들의 거짓말로 그의 가르침을 대신하려고 바울을 최대한 헐뜯었다.

자신의 삶을 한 교회에 쏟아 부었을 때 이러한 배척을 견디기란 쉽지 않다. 나는 바울이 겪은 일을 모두 겪지는 않았지만 한 교회를 아주 오래 목회하다 보니 내 인격과 삶과 사역에 대한 온갖 공격을 다 경험했다. 그래서 나는 살아남는 법을 배우기 위해 바울의 생애를 연구했다. 내가 붙잡은 구절은 "우리가 낙심하지 아니하노니"(고후 4:16)였다. 여기에서 '낙심'을 뜻하는 헬라어는 **카크**(kak)라는 어근에서 나온 **에크카케오**(ekkakeo)라는 밀로, 악과 죄와 타락을 가리킨다. 이것은 단순히 낙담하거나 소진하지 않는다는 뜻이 아니다. 이것은 비겁함이나 게으름이나 부도덕이나 무관심이나 소명과 의무를 포기하는 것으로 영적으로 도피하지 않겠다는 다짐이다. 그러나 어떻게 그것이 가능한가?

바울은 새 언약의 직분을 받아들였다

첫째, 바울은 새 언약의 우위성을 온 마음으로 받아들였다. "그러므로 우리가 이 직분을 받아 긍휼하심을 입은 대로 낙심하지 아니하고"(고후 4:1). 그가 말하는 직분(사역)은 앞장에서 "정죄의 직분"(9절)과 대비되어 "영의 직분"(8절), "의의 직분"(9절)으로 묘사된 직분을 가리킨다. 이것이 구약이 예언한 새 언약의 직분이다.

여호와의 말씀이니라 보라 날이 이르니 내가 이스라엘 집과 유다 집에 새 언약을 맺으리라 이 언약은 내가 그들의 조상들의 손을 잡고 애굽 땅에서 인도하여 내던 날에 맺은 것과 같지 아니할 것은 내가 그들의 남편이 되었어도 그들이 내 언약을 깨뜨렸음이라 여호와의 말씀이니라 그러나 그 날 후에 내가 이스라엘 집과 맺을 언약은 이러하니 곧 내가 나의 법을 그들의 속에 두며 그들의 마음에 기록하여 나는 그들의 하나님이 되고 그들은 내 백성이 될 것이라 여호와의 말씀이니라(렘 31:31-33).

이 언약은 예수 그리스도 안에 있는 구원이다. 새 언약이 더 나은 이유는 **생명**을 주기 때문이다. "그가 또한 우리를 새 언약의 일꾼 되기에 만족하게 하셨으니 율법 조문으로 하지 아니하고 오직 영으로 함이니 율법 조문은 죽이는 것이요 영은 살리는 것이니라"(고후 3:6). 모세의 법은 사형선고를 내렸으나 예수 그리스도의 복음은 생명을 준다. 바울은 이어서 비록 옛 언약이 "정죄의 직분"이었으나(9절), 하나님의 거룩하심을 반영하기 때문에 어느 정도 영광이 있다고 설명했다. 그럼에도 불구하고, 새 언약이 더 큰 영광을 갖는 이유는 용서와 영원한 의를 주기 때문이다(10-11절).

새 언약은 또한 **소망**을 주며, **용기**를 낳는다. 바울이 "우리가 이같은 소망이 있으므로 담대히 말하노니"라고 말한 이유도 여기 있다(12절).

새 언약은 **분명하다**. 왜냐하면 옛 언약은 수건으로 덮였으나 새 언약의 경우는 수건이 사라졌기 때문이다(13-14절).

새 언약은 **그리스도 중심이다**. 왜냐하면 수건이 "그리스도 안에서" 제거되었기 때문이다.

새 언약은 **성령의 힘을 받으며**, 우리를 주님의 형상으로 변화시켜 한 수준의 영광에서 다른 수준의 영광에 이르게 한다(17-18절).

복음을 알고, 마음으로 믿으며, 선포하라는 소명을 받는 일이야말로 인간의 가장 고귀하고 큰 특권이다. 그래서 바울은 이렇게 썼다.

항상 우리를 그리스도 안에서 이기게 하시고 우리로 말미암아 각처에서 그리스도를 아는 냄새를 나타내시는 하나님께 감사하노라 우리는 구원 받는 자들에게나 망하는 자들에게나 하나님 앞에서 그리스도의 향기니 이 사람에게는 사망으로부터 사망에 이르는 냄새요 저 사람에게는 생명으로부터 생명에 이르는 냄새라 누가 이 일을 감당하리요(고후 2:14-16).

그 무엇에도 굴하지 않고 그리스도께서 마지막에 승리하신다.

한 도시에서 가장 중요한 사람들이 누구냐고 물으면 대개 시장이나 시의원이나 교육 프로그램을 운영하는 사람들이라고 대답할 것이다. 그러나 하나님은 그렇게 대답하지 **않으신다**. 모든 도시에는 영원에 영향을 미치는 핵심적인 사람들이 있다. 이들은 사람들의 멸망이나 구원에 깊은 영향을 미치며, 사망에 이르는 냄새이거나 생명에 이르는 냄새다. 자신의 힘으로 이런 영향을 미칠 수 있는 사람이 어디 있겠는가? 바울은 하나님이 주신 사역의 특권에 놀랐으며, 그 특권을 절대 놓치지 않았다.

내 아들 마크가 열여섯 살 때 내 옆에 앉아 진지하게 말했다. "아빠, 아빠는 설교할 때 정말 대단하세요. 하지만 나머지 시간에는 전혀 특별하지 않으세요." 정곡을 찔렀다! 마크는 내가 강단에 설 때 그의 아버지에게 일어나는 일을 살피려고 노력했다. 강단에서 하나님의 말씀을 정확히 선포할 때 내 말에는 하나님의 능력이 있다. 그러나 집에서 뭔가를 수리하는 멋진 아이디어를 떠올릴 때, 대개는 바보 같다. 누군가 내게 다가와 "목사님의 설교를 듣고 그리스도께 돌아왔습니다."라고 말할 때마다 나는 뒤로 물러나 호흡을 고른다.

지속적인 목회를 원한다면, 새 언약의 경이로움과 영광에 대한 감각을 절대 잃지 말라. 새 언약은 세상이 기다려온 메시지다. 그 메시지가 여기 있으며, 하나님은 당신을 사용하여 그 메시지를 선포하길 원하신다. **당신이 중요하다.** 이 지구상에 하나님의 백성만큼 능력 있는 사람은 없다. 우리는 영원에 영향을 미치기 때문이다.

바울은 직분이 긍휼이라는 사실을 받아들였다

고린도후서 4장 1절로 돌아가 보자. 바울은 여기서 "그러므로 우리가 이 직분을 받아 긍휼하심을 입은 대로 낙심하지 아니하고"라고 말한다. 바울은 직분이 긍휼, 곧 자격 없는 자에게 주신 은혜라는 사실을 받아들였다. 그러므로 바울이 디모데에게 한 말에서 보듯이, 직분에 대한 경건한 반응은 감사다.

나를 능하게 하신 그리스도 예수 우리 주께 내가 감사함은 나를 충성되이 여겨 내게 직분을 맡기심이니 내가 전에는 비방자요 박해자요 폭행자였으나 도리어 긍휼을 입은 것은 내가 믿지 아니할 때에 알지 못하고 행하였음이라 우리 주의 은혜가 그리스도 예수 안에 있는 믿음과 사랑과 함께 넘치도록 풍성하였도다 미쁘다 모든 사람이 받을 만한 이 말이여 그리스도 예수께서 죄인을 구원하시려고 세상에 임하셨다 하였도다 죄인 중에 내가 괴수니라(딤전 1:12-15).

때로 목회자들이 내게 말한다. "저희 교회는 저를 잘 대우해 주지 않아요. 저는 더 나은 대우를 받을 자격이 있어요." 정말인가? 우리의 구원은 긍휼이라는 사실을 기억하라. 우리가 지옥에 있지 않다는 사실이 곧 긍휼이다. 직분 자체가 긍휼이다. 사람들은 직분을 감당하다 소진(消盡)되었다는 말을 자주 한다. 그러나 나는 사역자가 소진되는 이유는 일이 너무 힘들기 때문이 **아니라**는 사실을 오래 전에 깨달았다. 도랑을 파는 인부들은 도랑을 파다가 탈진(소진)했다고 불평하지 않는다. 사람들을 소진시키는 것은 실망이며, 실망은 비현실적 기대와 관계가 있다. 그러나 우리가 아무 자격도 없다는 사실을 깨닫는다면, 우리가 아무 자격도 없으며 삶 가운데 좋은 것은 모두 하나님이 베푸신 긍휼의 산물임을 깨닫는다면, 우리가 번성하기 위해 무엇이 필요한지 알 것이다.

250명이 교회를 떠났을 때 어떤 일이 있어났는지 아는가? 나는 육신적으로 반응하면서 "그 사람들은 내가 고마운 줄 몰라. 도저히 못 참겠어!"라고 말하고 집으로 돌아가 아내에게 불평하고 싶은 유혹을 느꼈다. 그러나 올바른 반응은 이런 것이다. "저는 그들 가운데 어느 한 사람도 가르칠 자격이 없습니다. 다음 주일에 그들이 **전부** 걸어 나가더라도 저는 그런 일을 당해 마땅합니다." 아내가 걸어 나가지 않은 것은 긍휼이다. 내가 자녀들에게 실망하지 않고 그들이 그리스도께 등을 돌리게 하지 않은 것은 긍휼이다. 내가 강단에 서서 그렇게 어리석은 말을 해도 교인들이 나를 쫓아내지 않은 것은 긍휼이다.

바울은 정결한 마음이 필요하다는 사실을 받아들였다

당신에게 언급하고 싶은 셋째 요소가 있다. 바울은 이어서 이렇게 말했다. "그러므로 우리가 이 직분을 받아 긍휼하심을 입은 대로 낙심하지 아니하고 이에 숨은 부끄러움의 일을 버리고 속임으로 행하지 아니하며 하나님의 말씀을 혼잡하게 하지 아니하고 오직 진리를 나타냄으로 하나님 앞에서 각 사람의 양심에 대하여 스스로 추천하노라"(고후 4:1-2). 거룩함보다 더 중요한 게 있는가? 바울은 조금 뒤 이렇게 썼다. "그런즉 사랑하는 자들아 이 약속을 가진 우리는 하나님을 두려워하는 가운데서 거룩함을 온전히 이루어 육과 영의 온갖 더러운 것에서 자신을 깨끗하게 하자"(7:1). 바울은 교회를 그리스도께 "정결한 처녀"로 드리길 원했다(11:2). 그리고 이렇게 인정했다. "또 내가 다시 갈 때에 내 하나님이 나를 너희 앞에서 낮추실까 두려워하고 또 내가 전에 죄를 지은 여러 사람의 그 행한 바 더러움과 음란함과 호색함을 회개하지 아니함 때문에 슬퍼할까 두려워하노라"(12:1). 바울은 모든 형태의 죄를 반대했으며, 이것을 유익한 개인의 점검 목록으로 삼고 자신에게 먼저 적용했다. 그에게 은밀하고 죄악된 삶이 없었던 이유가 여기에 있다. 이것이 특히 의미 있는 이유는 그가 과거에 바리새인으로 위선의 대가였기 때문이다. 예수님이 마태복음 23장에서 하신 말씀에 따르면, 바리새인들은 회칠한 무덤처럼 겉은 깨끗하지만 속은 시체와 뼈로 가득했다. 그들은 치부를 감추는 데 대가였다.

시간과 진실은 함께 한다. 시간이 지나면, 진실은 밝혀지게 마련이다. 야고보는 속에서 욕심이 잉태되면 곧 죄를 낳는다고 했다(약 1:14-15). 나는 40년간 한 교회를 목회했다. 교인들 중에는 나에 관해, 내 배경에 관해, 내 자녀들과 손자들에 관해 속속들이 아는 사람들도 있다. 우리가 뭔가를 숨기고 산다면 언젠가는 드러나고, 우리는 아무 것도 이루지 못한다. 이런 일을 피하는 유일한 방법은 마음의 죄를 지속적으로 해결하는 것뿐이다.

바울은 솔직하게 말할 수 있었다. "우리가 세상에서 특별히 너희에

대하여 하나님의 거룩함과 진실함으로 행하되 육체의 지혜로 하지 아니하고 하나님의 은혜로 행함은 우리 양심이 증언하는 바니 이것이 우리의 자랑이라"(고후 1:12). 양심이 천국의 법정은 아니지만 땅에서는 최고의 법정이다. 왜냐하면 양심은 영혼의 경고 체계이기 때문이다. 로마서 2장은 양심이 우리를 고발하거나 변호한다고 설명한다. 양심과 영혼의 관계는 고통과 몸의 관계와 같다. 양심은 우리로 하여금 죄책감과 불안과 후회를 느끼게 하고 잠들지 못하게 하거나, 기쁨과 확신과 평안과 만족을 느끼게 한다.

몇 년 전, 아비앵커 항공(콜롬비아의 항공사)의 여객기가 산에 추락했다는 기사를 읽은 적이 있다. 비행기는 보잉 기종이었으며, 승객을 가득 태운 채 착륙을 앞두고 있었다. 레이더는 비행기가 항로를 이탈하여 산을 향하고 있음을 감지하고 "당겨! 당겨! 당겨!"라며 요란한 경고를 발동했다. 그러나 이상하게도, 조종사는 당기지 않았다. 비행기록 집적장치에 저장된 조종사의 마지막 음성은 "닥쳐!"였다. 조종사는 이 말을 하고 곧바로 경고 시스템을 꺼버렸다. 1분도 채 지나지 않아, 비행기는 산허리에 추락했고 탑승자 모두 사망했다. 레이더가 사실을 알려주었고 경고 시스템도 작동했으나 조종사는 많은 어리석은 자들이 자신의 양심에게 하듯 무시해 버리고 말았다.

하나님은 우리 각자의 마음에 초기 경보시스템으로 작동하는 양심을 두셨다. 양심을 하나님의 말씀에 적실수록 그 양심은 더 많은 정보와 더 많은 유익을 준다. 이것이 다윗 왕의 간증이었다. "내가 주께 범죄하지 아니하려 하여 주의 말씀을 내 마음에 두었나이다"(시 119:11). 이것이 바울의 간증이었다. "내 양심이 깨끗하니, 내가 내면의 싸움에서 이기도다."

1749년 찰스 웨슬리(Charles Wesley)가 "내 안에 원칙을 원하네"(I Want a Principle Within)라는 찬송가를 썼다. 이 찬송을 자신을 보호하기 위해 더 자주 불러야 한다고 생각한다.

> 내 안에 원칙을 원하네
> 경계와 경건한 두려움의 원칙을,
> 죄에 대한 예민함을, 죄가 다가올 때 느끼는 아픔을.
> 나 먼저 느끼기 원하네
> 교만이나 잘못된 욕망이 다가올 때를.
> 흔들리는 나의 의지를 다잡고 불씨를 꺼버리기 원하네.
>
> 나 더 이상 당신을 떠나지 않으리
> 당신의 선하심 더 이상 슬프게 하지 않으리
> 기도하오니, 내게 자녀의 경외심을 주소서

부드러운 양심을 주소서. 눈동자처럼 빠르게,

오 하나님, 내 양심이 움직이게 하소서.

죄가 다가올 때 내 양심을 깨우소서.

내 양심이 깨어 있게 하소서.

진리와 사랑의 전능하신 하나님,

내게 당신의 능력을 부으소서.

내 영혼에서 산이 제거되며,

내 마음에서 강퍅함이 사라지게 하소서.

다시 깨어난 내 양심이

아주 작은 아픔도 놓치지 않게 하시고,

나를 그 보혈로 다시 이끄사

내 상처 치유하여 주소서.

바울은 하나님의 말씀을 정확히 다룰 의무를 받아들였다

바울은 고린도교회에 자신과 그리스도를 위해 함께 일하는 동역자들에 대해 말했다. "숨은 부끄러움의 일을 버리고 속임으로 행하지 아니하며 하나님의 말씀을 혼잡하게 하지 아니하고 오직 진리를 나타냄으로 하나님 앞에서 각 사람의 양심에 대하여 스스로 추천하노라"(고후 4:2). "속임으로 행하다"로 번역된 헬라어 **파노우르기아**(panourgia)는 목적을 위해서라면 약빠르고 파렴치하고 속이는 등 온갖 짓을 하고도 남을 사람을 말한다. 이런 일꾼이 많지만 진실한 예수 그리스도의 일꾼은 이러한 교묘한 속임수를 피하고, 대신에 바울과 그 동료들을 본받는다. "우리는 수많은 사람들처럼 하나님의 말씀을 혼잡하게 하지 아니하고 곧 순전함으로 하나님께 받은 것 같이 하나님 앞에서와 그리스도 안에서 말하노라"(고후 2:17). "지으신 것이 하나도 그 앞에 나타나지 않음이 없고 우리의 결산을 받으실 이의 눈앞에 만물이 벌거벗은 것 같이 드러나느니라"는 말씀을(히 4:13) 기억할 때 사람의 동기는 가장 깨끗해진다.

하나님의 말씀에 충실하고 진실하라. 성경의 신빙성을 가차 없이 믿어라. 그러지 않으면, 한 곳에서 오래 살아남지 못한다. 우리가 길거리나 텔레비전에서 쇼를 해야 할 때가 있을지 모른다. 그런 곳에서는 사람들을 교묘하게 속이기 쉽다. 왜냐하면 그들은 우리를 속속들이 알지 못하기 때문이다. 내가 이기적 목적을 위해 성경 한 구절을 교묘히 이용한다면, 결국 꼬리가 밟힐 것이다. 오히려 나는 바울이 디모데에게 했던 명령을 따라야 한다. "너는 진리의 말씀을 옳게 분별하며 부끄러울 것이 없는 일꾼으로 인정된 자로 자신을 하나님 앞에 드리기를 힘쓰라"(딤후 2:15). 이렇게 하려면 많은 노력과 연구가 필요하지만, 이것이 목회자의 소명이다.

성경의 진리는 매우 이질적인 곳에, 즉 인간의 마음에 동맹군을 두었다. "율법 없는 이방인이 본성으로 율법의 일을 행할 때에는 이 사람은 율법이 없어도 자기가 자기에게 율법이 되나니 이런 이들은 그 양심이 증거가 되어 그 생각들이 서로 혹은 고발하며 혹은 변명하여 그 마음에 새긴 율법의 행위를 나타내느니라"(롬 2:14-15). 인간의 마음에는 우리의 생각과 사상의 동맹군은 없고 하나님의 진리의 동맹군만 있다. 그러므로 최선의 결과를 내기 위해 마음을 정확히 다루도록 주의하라.

바울은 자기 사역의 결과가 자신에게 달려 있지 않다는 사실을 받아들였다

바울은 이어서 이렇게 말했다. "만일 우리의 복음이 가리었으면 망하는 자들에게 가리어진 것이라 그 중에 이 세상의 신이 믿지 아니하는 자들의 마음을 혼미하게 하여 그리스도의 영광의 복음의 광채가 비치지 못하게 함이니 그리스도는 하나님의 형상이니라"(고전 4:3-4). 바울은 자신의 복음 사역의 결과가 궁극적으로 자신의 손에 달려 있지 않음을 깨달았다.

예수님은 씨뿌리는 비유를 아주 중요하게 생각하셨는데, 이 비유에서 바로 이 점을 아주 잘 보여주셨다. 예수님은 "너희가 이 비유를 알지 못할진대 어떻게 모든 비유를 알겠느냐?"라고 말씀하셨다(막 4:13). 씨뿌리는 비유는 씨를 받아들이는 정도가 다른 여러 수준의 땅이 있음을 보여준다. 그러나 우리 시대에 기술 지향적 전도를 표방하는 사람이 이 비유를 다시 쓴다면 이럴 것이다.

> 네 사람이 같은 땅에 씨를 뿌렸다. 한 사람은 특별한 전도 기술이 있었으나 별다른 성과를 거두지 못했다. 둘째 사람에게도 다른 전도 기술이 있었으며 잠시 약간의 성과를 거두었다. 그 다음 사람은 또 다른 기술이 있었는데, 그 또한 피상적인 반응밖에 거두지 못했다. 그러나 마지막으로 바른 기술을 가진 사람이 씨를 뿌렸고, 30배, 60배, 100배의 결실을 거두었다. 모든 게 기술의 문제였기 때문이다.

그러나 예수님은 이런 식으로 말씀하지 **않으셨다**. 예수님은 씨뿌리는 사람이 아니라 땅에 초점을 맞추셨다. 우리는 모두 똑같은 씨를 뿌리지만 오직 하나님만이 땅을 갈 수 있다.

시장 지향적 신학은 심각한 결점이 있다. 가장 심각한 결점은 소비자들의 저항을 극복하고 그들이 예수라는 상품을 사도록 설득하는 게 설교자의 일차적 의무라는 생각일 것이다. **이런 생각을 버려라!** 이것은 신성모독이나 다름없는 좋지 않은 생각일 뿐 아니라 전혀 효과도 없다. 왜냐하면 소비자가 복음에 저항하는 근본 이유는 당신과 내가 극복하기에는 너무나 큰 문제이기 때문이다. 이렇게 설명해 보자. 내가 비누를 안치실의 시체들에게 팔려한다면 하나도 팔지 못할 것이다. 과장이 아니다. 성경이 불신자들의 영적 상태를 그렇게 묘사하기 때문이다. "그는 허물과 죄로 죽었던 너희를 살리셨도다. 그 때에 너희는 그 가운데서 행하여 이 세상 풍조를 따르고 공중의 권세 잡은 자를 따랐으니 곧 지금 불순종의 아들들 가운데서 역사하는 영이라"(엡 2:1-2). 그러므로 바울은 "만일 우리의 복음이 가리었으면" "이 세상의 신이 믿지 아니하는 자들의 마음을 혼미하게 하여 그리스도의 영광의 복음의 광채가 비치지 못하게 함이니 그리스도는 하나님의 형상이니라"는 사실 때문에 멸망의 상태에 있는 사람들에게 가려졌다고 했다(고후 4:3-4).

이렇게 이해해 보자. 우리는 신자로서 이 땅에서 하는 모든 일을 하나만 빼고 천국에서 더 잘할 텐데, 그게 바로 전도다. 천국에는 이미 복음을 받아들이지 않은 사람이 하나도 없기 때문이다. 전도는 주님이 우리에게 주신 지상명령이다. 주님은 온 세상에 복음을 전파하라고 하셨으나 우리의 청중은 죽었고 눈이 멀었다! 이사야에게 일어난 일이 생각난다. 이사야는 하늘에 계신 하나님의 환상을 보았으며, 하나님은 백성에게 전할 메시지를 이사야에게 주면서 이렇게 말씀하셨다. "가서 이 백성에게 이르기를 너희가 듣기는 들어도 깨닫지 못할 것이요 보기는 보아도 알지 못하리라 하여 이 백성의 마음을 둔하게 하며 그들의 귀가 막히고 그들의 눈이 감기게 하라 염려하건대 그들이 눈으로 보고 귀로 듣고 마음으로 깨닫고 다시 돌아와 고침을 받을까 하노라." 이사야는 당연히 "주여, 어느 때까지니이까?"라고 물었다(사 6:9-11). 하나님은 잠시일 것이며, 거의 모든 백성이 - 전부가 아니라 - 멀리 떠나고 그 땅이 황폐하겠으나 친히 그분의 "거룩한 씨"를 세우겠다고 하셨다(13절). 구원은 하나님의 일이다. 예수님은 "누가 구원을 얻을 수 있나이까?"라는 질문에 "무릇 사람이 할 수 없는 것을 하나님은 하실 수 있느니라" 하고 대답하셨다(눅 18:26-27).

수년 전에 어느 기자가 물었다. "목사님은 교회를 세우실 큰 꿈이 있습니까?" 나는 이렇게 대답했다. "지금 농담하세요? 예수님이 **친히** 교회를 세우겠다고 하셨습니다. 제가 그분과 경쟁하길 원한다고 생각하세요?"

전도를 인간적 시각으로만 생각하느라 많은 시간을 들이고 싶지 않겠지만, 조금만 숙고한다면 하나님의 구원사역에 감사하는 데 도움이 된다. 바울은 이렇게 설명했다.

십자가의 도가 멸망하는 자들에게는 미련한 것이요 구원을 받는 우리에게는 하나님의 능력이라 기록된 바 내가 지혜 있는 자들의 지혜를 멸하고 총명한 자들의 총명을 폐하리라 하였으니 지혜 있는 자가 어디 있느냐 선비가 어디 있느냐 이 세대에 변론가가 어디 있느냐 하나님께서 이 세상의 지혜를 미련하게 하신 것이 아니냐 하나님의 지혜에 있어서는 이 세상이 자기 지혜로 하나님을 알지 못하므로 하나님께서 전도의 미련한 것으로 믿는 자들을 구원하시기를 기뻐하셨도다(고전 1:18-21, 사 29:14을 인용).

바울은 이어서 복음을 처음 듣는 자들이 믿기 어려운 이유를 말한다. "유대인은 표적을 구하고 헬라인은 지혜를 찾으나 우리는 십자가에 못 박힌 그리스도를 전하니 유대인에게는 거리끼는 것이요 이방인에게는 미련한 것이로되." 그러나 하나님이 일깨우시는 사람들은 복음이 "하나님의 능력이요 하나님의 지혜"임을 깨닫는다. 왜 그런가? 이것이 그 이유다. "하나님의 어리석음이 사람보다 지혜롭고 하나님의 약하심이 사람보다 강하니라"(고전 1:22-25).

로마의 원형경기장(Circus Maximus)에서 아주 가까운 곳에 일반인의 접

축을 막으려고 쇠창살로 둘러친 벽에 낙서가 새겨져 있다. 나는 그것을 여러 번 보았다. 사람의 몸에 당나귀의 머리를 한 존재가 십자가에 달려 있는 그림이다. 그 밑에 "알렉사메노스가 그의 신을 예배한다."라고 새겨져 있다. 이것은 이방 세계가 십자가에 달린 인간을 예배하는 모든 자에게 퍼붓는 조롱을 나타낸다. 그들이 아는 한 십자가에서 처형된 자는 인간쓰레기에 불과하기 때문이었다. 어떤 의미에서, 복음은 모든 자연적 성향에 역행하는 믿지 못할 메시지인데, 우리는 이런 메시지를 죽고 눈먼 자들에게 전하려 한다. 사람들이 그리스도께 몰려오지 않는 이유가 여기 있다.

그렇다면 이러한 매우 심각한 문제를 극복하기 위해 엘리트들을 모집해야 하는가? 하나님은 이렇게 하지 않으셨다. 바울은 이렇게 말한다. "형제들아 너희를 부르심을 보라 육체를 따라 지혜로운 자가 많지 아니하며 능한 자가 많지 아니하며 문벌 좋은 자가 많지 아니하도다 그러나 하나님께서 세상의 미련한 것들을 택하사 지혜 있는 자들을 부끄럽게 하려 하시고 세상의 약한 것들을 택하사 강한 것들을 부끄럽게 하려 하시며 하나님께서 세상의 천한 것들과 멸시 받는 것들과 없는 것들을 택하사 있는 것들을 폐하려 하시나니 이는 아무 육체도 하나님 앞에서 자랑하지 못하게 하려 하심이라 … 기록된 바 자랑하는 자는 주 안에서 자랑하라 함과 같게 하려 함이라"(고전 1:26-31, 렘 9:23 인용). 바울이 나중에 이렇게 쓴 이유도 여기 있다. "그런즉 아볼로는 무엇이며 바울은 무엇이냐 그들은 주께서 각각 주신 대로 너희로 하여금 믿게 한 사역자들이니라 나는 심었고 아볼로는 물을 주었으되 오직 하나님께서 자라나게 하셨나니 그런즉 심는 이나 물주는 이는 아무 것도 아니로되 오직 자라게 하시는 이는 하나님뿐이니라"(고전 3:5-7).

'종'이라는 단어에 관한 몇 가지 중요한 사실을 살펴보자. 종은 문자 그대로 노예, 누군가의 소유이며 개인적 권리가 전혀 없는 사람을 말한다. 미국은 모든 형태의 노예제도를 법으로 금한다. 인류 역사에 존재했던 모든 형태의 노예제도가 낳은 거의 참을 수 없는 고통과 대대로 이어져 내려온 죄를 생각한다면, 그건 당연한 일이다. 그러나 성경이 말하는 진정한 그리스도의 제자가 무슨 뜻인지 알려면 로마시대에 노예가 어떤 의미였는지 알아야 한다. 바울은 고린도후서 4장 5절에서 자신의 사역을 기술하면서 이 점을 분명히 했다. "우리는 우리를 전파하는 것이 아니라 오직 그리스도 예수의 주되신 것과 또 예수를 위하여 우리가 너희의 종 된 것을 전파함이라." "종"으로 번역된 헬라어는 최하층 노예, 예를 들면 갤리선에서 노를 젓는 노예를 가리킨다. 예수님이 죄인들의 친구인 것은 사실이지만 그분은 만물의 주인이기도 하다. 그런 예수님이 제자들에게 이렇게 말씀하셨다.

너희 중 누구에게 밭을 갈거나 양을 치거나 하는 종이 있어 밭에서 돌아오면 그더러 곧 와 앉아서 먹으라 말할 자가 있느냐 도리어 그더러 내 먹을 것을 준비하고 띠를 띠고 내가 먹고 마시는 동안에 수종들고 너는 그 후에 먹고 마시라 하지 않겠느냐 명한 대로 하였다고 종에게 감사하겠느냐 이와 같이 너희도 명령 받은 것을 다 행한 후에 이르기를 우리는 무익한 종이라 우리가 하여야 할 일을 한 것뿐이라 할지니라(눅 17:7-10).

성경은 노예제를 인정하지 않지만 그렇다고 공개적으로 비난하지도 않는다. 신약성경은 그리스도인과 주님의 관계를 묘사하는 적절한 은유의 하나로 노예제의 이미지를 사용한다. 우리는 모든 필요를 하나님께 의지한다. 왜냐하면 하나님의 말씀이 이러하기 때문이다. "네 하나님 여호와를 기억하라 그가 네게 재물 얻을 능력을 주셨음이라"(신 8:18). 우리의 삶에 대한 심판과 상급도 궁극적으로 그분의 손에 달렸다.

특히 조상이 과거에 노예였기 때문에, 노예제에 관한 성경의 개념과 씨름 중이라면, 당신과 내게 노예제는 하나의 기억일 뿐이라는 사실을 깨닫길 바란다. 그러나 이전 세대들과 성경시대 사람들에게는 그것이 현실이었다. 빌립보서 2장의 말씀을 새로운 눈으로 보라. "너희 안에 이 마음을 품으라 곧 그리스도 예수의 마음이니 그는 근본 하나님의 본체시나 하나님과 동등됨을 취할 것으로 여기지 아니하시고 오히려 자기를 비워 종의 형체를 가지사 사람들과 같이 되셨고 사람의 모양으로 나타나사 자기를 낮추시고 죽기까지 복종하셨으니 곧 십자가에 죽으심이라"(5-8절). 노예 신분은 우리의 격에 맞지 않는다는 생각이 든다면 우리 주님에게도 맞지 않았다는 사실을 기억하라. 그 결과 무슨 일이 일어났는가? "이러므로 하나님이 그를 지극히 높여 모든 이름 위에 뛰어난 이름을 주사 하늘에 있는 자들과 땅에 있는 자들과 땅 아래에 있는 자들로 모든 무릎을 예수의 이름에 꿇게 하시고 모든 입으로 예수 그리스도를 주라 시인하여 하나님 아버지께 영광을 돌리게 하셨느니라"(빌 2:9-11, 사 45:2 인용).

바울은 또 하나의 힘찬 결론을 내린다. "어두운 데에 빛이 비치라 말씀하셨던 그 하나님께서 예수 그리스도의 얼굴에 있는 하나님의 영광을 아는 빛을 우리 마음에 비추셨느니라"(고후 4:6). 바울은 물론 "하나님이 이르시되 빛이 있으라 하시니 빛이 있었고"라는 창세기 1장 3절을 생각하고 있었다. 우주를 비추신 분께서 캄캄한 마음을 "그 안에는 신성의 모든 충만이 육체로 거하시는"(골 2:9) 그리스도께로 향하게 함으로써 그 마음을 비추신다.

우리는 '스타일'의 문제를 걱정할 필요가 없다. 오늘날의 기독교 세계는 스타일을 지나치게 강조하며, 교회 지도자들은 예배 스타일을 현대적으로 할 건지, 포스터모더니즘적으로 할 건지, 전통적으로 할 건지, 형식을 갖춘 형태로 할 건지, 형식을 탈피한 형태로 할 건지, 최신 유행에 맞출 건지, 색다르게 할 건지, 목가적이고 서부적인 형태로 할 건지를 두고 말할 수 없는 에너지를 허비한다. 나는 전 세계를 다니며 가능한 모든 스타일의 예배를 보았으나 스타일 그 자체는 큰 의미가 없다. 사실, 스타일을 지나치게 강조하면 메시지 자체가 모호해지기 쉽다. 한 사람의 삶에 빛을 비추는 유일한 방법은 예수 그리스도의 복음을 전하는 것이다. 대부분의 사람들에게 맞는 스타일을 찾으려는 노력은 "우리는 우리를 전파하는 것이 아니라 오직 그리스도 예수의 주 되신 것과 또 예수를 위하여 우리가 너희의 종 된 것을 전파함이라"는(고후 4:5) 고백이 없다면 어리석을 뿐이다.

바울은 자신이 아무 것도 아니라는 사실을 받아들였다

고린도후서 4장 5-6절에 관해서는 이미 말했으니 여기서는 7절에 관해 말하겠다. "우리가 이 보배를 질그릇에 가졌으니 이는 심히 큰 능력은 하나님께 있고 우리에게 있지 아니함을 알게 하려 함이라"(고후 4:7). 하나님이 설교자로 부르신 사람들을 보는 것으로 복음의 영향력이 설명되지는 않는다. 너무나 대조적이게도, 보화가 질그릇에, 즉 강력하고 빛나며 영광스러운 복음이 싸고 흔하며 깨지기 쉽고 대체 가능한 것에 담겼다. 영광스러운 복음의 능력은 인간의 재주나 기술의 산물이 아니다. 우리는 연약하고 평범하며, 보잘 것 없고 유약하며, 깨지기 쉽고, 쓰고 버려도 그만인 존재다. 그러나 이런 사실이 하나님께서 일하시는 데 치명적이지는 않다. 오히려 반대로, 우리는 하나님이 **틀림없이** 일하고 계신다고 고백한다. 이것이 유일한 논리적 설명이기 때문이다. 바울이 겸손함으로 인정받았듯이 그리스도의 진실한 종들도 그럴 것이다. 우리의 메시지와는 반대로 우리 자신은 아무 것도 아니다. 우리가 하나님 앞에서 자신을 낮출 때 하나님이 우리를 높이신다(약 4:10).

바울은 고난이 유익하다는 사실을 받아들였다

성공이 나를 위협하는 이유는 내 육신을 부추기기 때문이다. 바울은 자신의 삶을 보면서 자신이 질그릇일 뿐 아니라 부서진 질그릇이라고 생각했다. "우리가 사방으로 우겨쌈을 당하여도 싸이지 아니하며 답답한 일을 당하여도 낙심하지 아니하며 박해를 받아도 버린 바 되지 아니하며 거꾸러뜨림을 당하여도 망하지 아니하고"(고후 4:8-9). 이 네 가지 대조는 모두 같은 사실을 말하는데, 바울이 사역을 하는 중에 극한 시련들을 만났으나 어느 하나도 그를 넘어뜨리지 못했다는 사실이다.

바울의 가장 큰 시련 가운데 하나는 잠시도 그를 떠나지 않은 육체의 가시였다. 주님께서 이 시련에 대해 하신 말씀에서 바울이 무엇을 배웠는지 기억하는가? 주님은 "내 은혜가 네게 족하도다 이는 내 능력이 약한 데서 온전하여짐이라"고 하셨다. 바울은 이 메시지를 받아들이면서 이렇게 반응했다. "그러므로 도리어 크게 기뻐함으로 나의 여러 약한 것들에 대하여 자랑하리니 이는 그리스도의 능력이 내게 머물게 하려 함이라 그러므로 내가 그리스도를 위하여 약한 것들과 능욕과 궁핍과 박해와 곤고를 기뻐하노니 이는 내가 약한 그 때에 강함이라"
(고후 12:9-10).

삶이란 어디에 초점을 맞출지 선택하는 것이며, 바울은 하나님이 가장 고통스러운 환경에서라도 이루어내실 선에 초점을 맞추는 법을 배웠다. 바울은 야고보서 1장 2-4절에 진심으로 아멘이라고 할 수 있었다. "내 형제들아 너희가 여러 가지 시험을 당하거든 온전히 기쁘게 여기라 이는 너희 믿음의 시련이 인내를 만들어 내는 줄 너희가 앎이라 인내를 온전히 이루라 이는 너희로 온전하고 구비하여 조금도 부족함이 없게 하려 함이라." 우리는 바울의 삶을 마지막부터 살펴보았으며, 그러기에 그가 이러한 원리의 완벽한 본보기라는 사실을 안다.

번영의 복음은 완전히 비성경적이다. 번영의 복음은 하나님에 대한 모독이다. 능력에 이르는 길은 고난과 약함을 거친다. 바울은 이렇게 말했다. "그리스도를 위해 … 나는 약함과 모욕과 고초와 박해와 재난에 만족하노라. 나는 약할 때 강하기 때문이다." 그리스도의 진정한 종은 누구라도 세월이 흐르면서 가슴을 찌르는 공격과 하극상과 배신과 불만과 큰 실망과 비탄뿐 아니라 육체적 아픔과 고통까지 견디는 법을 배운다. 왜냐하면 이 모두가 합력하여, 자신을 의지하려는 마음을 무너뜨린다는 사실을 알기 때문이다. 바울은 이렇게 말했다. "우리가 항상 예수의 죽음을 몸에 짊어짐은 예수의 생명이 또한 우리 몸에 나타나게 하려 함이라"(고후 4:10). 바꾸어 말하면, 그리스도의 종들이 모진 고통을 견딜 때, 그리스도께서 더 강한 능력으로 나타나신다. 예수님은 이미 죽으시고, 부활하시고, 승천하셨다. 사람들은 더 이상 그분을 공격하지 못하지만 우리를 공격할 수는 있다. 사람들은 예수님과 복음 때문에 때로 우리를 미워한다. 바울은 이것을 잘 알았기에 "내가 내 몸에 예수의 흔적을 지니고 있노라"고 했으며(갈 6:17), "나는 이제 너희를 위하여 받는 괴로움을 기뻐하고 그리스도의 남은 고난을 그의 몸 된 교회를 위하여 내 육체에 채우노라"고 했다(골 1:24). 당신과 나도 바울처럼 "그분이 나를 위해 맞으셨으니 나도 그분을 위해 맞으리라"고 말할 수 있겠는가?

바울은 죽음을 말할 때 **다나토스**(thanatos)라는 일반적인 헬라어를 자주 사용했으나, 고린도후서 4장 10절에서는 죽음(death)이 아니라 죽어가는 것(dying)에 대해 말한다. 왜냐하면 하나의 사건이 아니라 과정을 말하고 있기 때문이다. 바울은 사실 이렇게 말한다. "내 온 삶은 그리스도를 위해 죽어가는 과정에 있다. 그러나 이것은 예수님의 삶이 내 삶에서 나타나기 위해서는 반드시 필요하다." 하나님의 능력이 우리의 고난을 통해 나타난다. 우리는 고난을 통해 더 많이, 훨씬 더 많이 배운다. 아들이 뇌종양 판정을 받고 아내마저 교통사고를 당했던 때가 생각난다. 의사는 아내가 죽지 않더라도 사지가 마비될 거라고 했다. 매일 매일이, 한 순간 한 순간이 너무나 고통스러웠다. 나는 아들과 아내를 하루에도 수없이 기도로 하나님께 맡겼는데, 아들과 아내가 완전히 회복됨으로써 문제가 놀랍게 해결되었다. 우리는 이런 시련을 겪으며 그 고통에 산산이 부서지지만 그 시련 때문에 이전보다 더 강해지고 그리스도와 더 가까워지기도 한다.

바울은 담대한 확신이 필요하다는 사실을 받아들였다

변함없는 사역(enduring ministry)은 세류에 쉽게 편승하는 사람들의 몫이 아니다. 툴사에 가서 오럴로버츠 대학(Oral Roberts University)을 보았던 기억이 난다. 매우 현대적인 건물로 1960년대에 건축되었으며, 캠퍼스 이곳저곳은 오래된 우주정거장을 연상시킨다. 대학이 선택한 건축양식이 1965년에는 아주 미래지향적이었으나 지금은 구식이다. 대학에 들어서면, 고전적인 벽돌과 기둥과 그 밖에 오래된 건물들이 눈에 들어온다. 일시적 유행을 피하는 게 가장 좋다는 것을 보여주는 한 예다. 사역(목회)도 마찬가지다. 바울은 이렇게 썼다. "기록된 바 내가 믿었으므로 말하였다 한 것 같이 우리가 같은 믿음의 마음을 가졌으니 우리도 믿었으므로 또한 말하노라 주 예수를 다시 살리신 이가 예수와 함께 우리도 다시 살리사 너희와 함께 그 앞에 서게 하실 줄을 아노라"(고후 4:13-14, 시 116:10 인용). 바울의 사역은 유행을 따르는 사역이 아니라 확신을 따르는 사역이었다.

메시지 자체는 절대 바뀌지 않는다. 우리는 바뀌어도 되는 것과 바뀌어서는 안 되는 것을 구별할 줄 알아야 한다. 우리가 굳게 믿는 진리를 품고, 그 진리를 말하며, 그 진리를 부끄러워하지 않는 것은 고귀한 일이나. 침묵은 위로, 용납, 인기, 심지어 생명까지 의미하기도 한다. 그러나 마르틴 루터처럼, 우리의 양심은 하나님의 말씀에 사로잡혔다. 우리는 오직 하나님의 말씀 위에 선다.

깊은 확신이 있는 사람은 할 말을 찾지 않는다. 오히려 그 말을 할 대상을 찾는다. 그러나 유감스럽게도, 깊은 확신을 가진 사람들이 오늘날 교회에서 환영받지 못할 때가 많다. 우리가 매스터스 신학교(Master's Seminary)에서 훈련시키는 사람들에 대해 감사한다. 우리는 매년 백 명 정도의 졸업생을 배출한다. 그러나 우리에게 들리는 이야기들은 가슴이 아프다. 많은 교회들이 "나는 믿었고, 그래서 말했습니다."라고 말하는 목사들을 원하지 않는다. 많은 교회들이 삶과 사역에 대한 성경적 접근을 원하지 않는다. 이런 접근을 원하는 교회들을 허락하신 하나님을 찬양하라! 마침내 하나님은 그분의 은혜로 우리의 졸업생들을 위한 자리를, 영적 고결함과 성경에 대한 신뢰가 중요한 자리를 마련해 주신다. 우리는 이것이 더욱 더 중요해지길 기도할 뿐이다.

바울은 영원이 우선이라는 사실을 받아들였다

바울이 그리스도를 위해 모든 것을 바쳤기 때문에, 교회는 그에게 그러다 살해될지 모른다는 경고까지 했을 것이다. 그러나 바울은 "몸은 죽여도 영혼은 능히 죽이지 못하는 자들을 두려워하지 말고 오직 몸과 영혼을 능히 지옥에 멸하실 수 있는 이를 두려워하라"는 예수님의 말씀대로(마 10:28) 살았던 게 분명하다. 바울은 고린도교회에게 "주 예수를 다시 살리신 이가 예수와 함께 우리도 다시 살리사 너희와 함께 그 앞에 서게 하실 줄을 아노라"라고 했으며, 이어서 "이는 모든 것이 너희를 위함이니 많은 사람의 감사로 말미암아 은혜가 더하여 넘쳐서 하나님께 영광을 돌리게 하려 함이라"라고 했다(고후 4:14-15). 다시 말해, 이렇게 말한 것과 같다. "저는 메시지를 바꾸지 않을 겁니다. 저의 메시지가 참되다고 믿기 때문입니다. 그러므로 그 메시지를 계속 선포할 겁니다. 이러다가 정말로 죽을지도 모른다는 것을 압니다. 그러나 어쨌든 여러분을 주님 앞에서 다시 만나겠지요. 그때까지 '할렐루야 합창단'에 목소리를 하나 더하기 위해 제가 할 수 있는 일을 다 할 겁니다!"

여기에서 이생의 위로나 인기나 성공이 아니라 영원을 보게 된다. 바울은 이렇게 결론짓는다.

그러므로 우리가 낙심하지 아니하노니 우리의 겉사람은 낡아지나 우리의 속사람은 **날**로 새로워지도다 우리가 잠시 받는 환난의 경한 것이 지극히 크고 영원한 영광의 중한 것을 우리에게 이루게 함이니 우리가 주목하는 것은 보이는 것이 아니요 보이지 않는 것이니 보이는 것은 잠깐이요 보이지 않는 것은 영원함이라(고후 4:16-18).

천국을 붙잡게 하며, 우리의 모든 싸움을 돌아보게 하는 놀라운 생각이다. 우리가 마지막에 용기를 잃지 않는 이유는 영원을 바라보는 눈이 있기 때문이다.

바울은 놀랍고 영광으로 가득한 새 언약의 관점에서 고난의 능력을 받아들였다. 또한 사역은 순결할 때 번성하는 긍휼이며, 선포된 말씀에 응답할 때, 심지어 전투에서 깨지고 부서진 가장 비천한 질그릇을 통해 하나님의 주권이 역사하실 때에만 효력이 있다는 사실의 관점에서 고난의 능력을 받아들였다. 바울은 어떤 희생이 따르더라도 자신의 확신에 충실했다. 그의 표어는 "내게 사는 것이 그리스도니 죽는 것도 유익함이라"였다(빌 1:21). 자신의 부활과 영원한 상급을 확신했기 때문이었다. 그는 언제나 천국에 초점을 맞추었으며, 육체적인 것보다 영적인 것을(고후 4:16), 현재보다 미래를(17절), 보이는 것보다 보이지 않는 것을 더 좋아했다(18절). 바울은 상에서 눈을 떼지 않았으며, 그 상은 그 무엇과도 비교되지 않는 영원한 영광의 중한 것이었다(17절). 우리가 세상에서 얻는 그 무엇도 주님 앞에서 받을 큰 영광에 비하면 아무 것도 아니다.

One Thing

선교 현장에서 맺은 믿음의 열매 3

헬렌 로저비어
Helen Roseveare

4장 | 오직 한 가지를 위해 달려가노라

헬렌 로저비어는 전쟁으로 찢긴 현장에서 선교사역을 하며 그리스도와 함께 아름답게 인내하며 살았다. 성경적인 통찰력과 개인적인 경험을 통해서, '한 가지' 주제를 중심으로 그리스도인으로서 자신의 과거와 현재와 미래를 증언한다. 첫째, 내가 아는 한 가지(one thing I know)는 눈 뜬 소경이 관원들에게 한 말이다. "그가 죄인인지 내가 알지 못하나 한 가지 아는 것은 내가 맹인으로 있다가 지금 보는 그것이니이다"(요 9:25). 둘째, 내가 행하는 한 가지(one thing I do)는 인내에 관한 바울의 말이다. "나는 아직 내가 잡은 줄로 여기지 아니하고 오직 한 일 즉 뒤에 있는 것은 잊어버리고 앞에 있는 것을 잡으려고"(빌 3:13). 셋째, 내가 구하는 한 가지(one thing I ask)는 시편기자의 기도에서 나왔다. "내가 여호와께 바라는 한 가지 일 그것을 구하리니 곧 내가 내 평생에 여호와의 집에 살면서 여호와의 아름다움을 바라보며 그의 성전에서 사모하는 그것이라"(시 27:4). 저자는 이 '한 가지'를 통해 우리가 평생 추구해야 할 가장 중요한 메시지를 심어준다.

Helen Roseveare

헬렌 로저비어

> 내가 여호와께 바라는 한 가지 일 그것을 구하리니
> 곧 내가 내 평생에 여호와의 집에 살면서
> 여호와의 아름다움을 바라보며
> 그의 성전에서 사는 그것이라 (시 27:4)

나는 "성도들에게 주어진 견딤(Endurance)의 소명"을 주제로 글을 써달라는 부탁을 받았다. 나는 주제를 "성도들에게 주어진 인내(Perseverance)의 소명"으로 조금 바꾸었다. 영국에서 '견딤'이라는 단어는 윗입술을 깨물고 어떻게든 맡은 일을 해낸다는 뜻이다. 그러나 '인내'라는 단어는 황소걸음으로 나아가며 무슨 일이 있어도 포기하지 않는다는 뜻이다.

끝까지 인내한 영웅들

갈렙_ 이 주제를 생각하기 시작하자 갈렙이 곧바로 떠올랐다. 갈렙이 약속의 땅에 이르러 여호수아에게, 모세가 약속했던 "이 산지를 지금 내게 주소서"라고 했을 때, 그의 나이 **여든 다섯**이었다. 나는 갈렙의 이야기를 다시 읽었다. 처음에는 민수기 13-14장에서, 그 다음은 신명기 1장 36절에서, 그런 후에는 특히 여호수아 14장에서 그의 이야기를 읽었다. 갈렙의 이야기에서 "온전히 따랐느니라"라는 말이 다섯 차례 나온다(민 32:12; 신 1:36; 수 14:8, 8, 14, 한글 개역 개정판에는 각각 "온전히 따랐느니라," "온전히 순종하였은즉," "충성하였으므로," "온전히 좇았음이라"로 옮겼다 - 옮긴이). 갈렙은 여호와를 전심으로 따랐다. 그는 반쪽짜리 마음으로 따른 게 아니었다. 때로는 따르다가 때로는 안 따르고, 때로는 뜨겁다가 때로는 차가운 변덕스런 모습이 그에게는 없었다. 그는 여든 다섯 살이었다! 나는 아직 그만큼 나이를 먹지 않았으나 갈렙처럼 전심으로 하나님을 따르길 원한다.

누군가 최근에 내게 물었다. "누가 당신의 영웅입니까?" 나는 잠시 생각해봐야 했다. **내게는 실제로 예수님 말고는 영웅이 없다.** 그러나 어떤 의미에서 갈렙이 내 영웅 가운데 하나라는 것을 깨닫는다. 그는 여든 다섯 살에도 여전히 강건했으며, 거인들이 요새를 짓고 사는 산지를 얻기 위해 싸울 준비가 되어 있었다.

폴리갑_ 다음으로 서머나의 감독 폴리갑을 생각했다. AD 156년에 화형을 당할 때, 폴리갑은 **여든 여섯 살**이었다. 폴리갑이 그리스도를 저주했다면 생명을 구할 수도 있었다. 그러나 그는 이렇게 말했다. "내가 지난 86년간 그분을 섬기는 동안 그분은 한 번도 나를 배신하신 적이 없는데 어떻게 나를 구원하신 내 왕을 모독할 수 있겠습니까?"[1]

블란디나_ 다음으로 노예 소녀 블란디나(Blandina)를 생각했다. 블란디나는 몸도 약하고, 마음도 여렸다. 1세기에 온갖 고문을 받았으나 끝내 신앙을 포기하지 않았으며, 마침내 죽임을 당했다. 그러므로 나이는 중요하지 않다. 어린 노예와 말년의 감독, 두 사람 모두 끝까지 용기 있게 예수님을 따랐다.

히브리서 12장에서 말하는 인내

이들을 생각하면, 히브리서 12장 1절이 금방 떠오른다. 히브리서 기자는 여기서 우리를 가로막는 모든 것 – 우리를 아주 쉽게 얽매는 죄 – 을 벗어버리고 "인내로써" 우리 앞에 놓인 경주를 하라고 명령한다. 이 경주는 갈렙이나 폴리갑 감독이나 블란디나만의 경주가 아니라 우리들 각자의 경주이기도 하다. 우리 주 예수를 알고 사랑하는 모든 사람은 그분께 시선을 고정하고 인내함으로 자신 앞에 놓인 경주를 해야 한다.

2006년 2월, 성경을 잘 가르치는 에드워드 롭(Edward Robb) 목사님이 내 고향 교회에서 히브리서 12장을 중심으로 두 번의 설교를 했다. 그는 우리가 그리스도인으로서 소풍을 하라고 부름을 받은 게 아님을 강조했다. 우리는 50대와 60대에 들어설 때 요양지에서 안락하게 쉴 그물침대를 받는 게 아니다. 우리는 긴장을 풀고 이제 다 끝났다고 말하라는 요청을 받은 게 아니다. 결코 그렇지 않다. 이것은 우리의 길이 아니다. 우리는 경주에 부름을 받았으며, 경주를 하려면 결단력과 배짱과 끝까지 달리는 인내가 필요하다. 출발은 누구나 할 수 있지만 끝까지 달리는 게 중요하다.

히브리서 기자는 박해받는 유대 그리스도인들에게 편지를 쓰는 중이었다. 이들은 박해를 받아 성전에서 쫓겨났다. 이들은 구약시대 내내 그렇게 소중히 여기던 것을 전부 잃었다. 성전 예배와 대제사장의 화려한 옷과 그들이 행하던 모든 의식을 잃었다. 이들은 성전 뜰에조차 들어갈 수 없었다. 이들은 갑자기 엄청나게 많이 잃었다고 느꼈으며, 자신들이 얻을 게 무엇인지 알지 못했다. 히브리서 기자는 계속해서 이렇게 말한다. "예수님이 낫습니다! 예수님이 낫습니다! 천사들을 예배하려 하지 마십시오. 예수님은 천사보다 나은 분입니다. 구약의 성도들이 드렸던 예배에 집착하지 마십시오. 예수님이 낫습니다." 그는 처음부터 끝까지 이것을 강조하며, 이들에게 등을 돌리거나 움츠리거나 포기하지 말라고 간청한다.

그런 후, 히브리서 기자는 11장에서 구약의 놀랍고 위대한 성도들을 열거한다. 이들은 모두 끝까지 견뎠다. 이들은 각자의 경주를 완주했으며, 몇몇은 그 과정에서 엄청난 고난을 겪었다. 히브리서 기자는 이들 가운데 톱날에 잘려 죽은 이들도 있지만 모두 끝까지 견뎠다고 말한다. 이들은 항복하지 않았으며, 하나님은 이들을 실망시키거나 버리지 않으셨다.

그런 후, 히브리서 기자는 12장 2절에서 우리의 큰 대제사장이신 예수님이 경주를 완주하셨다고 말한다. 예수님은 하나님이 맡기신 경주를 완주하셨는데, 바로 당신과 나를 위해 십자가에서 죽는 것이었다. 그분이 십자가에서 뭐라고 외치셨는지 기억하라. "다 이루었다"(요 19:30). 예수님은 하나님이 당신과 나를 구원하려고 맡기신 일을 다 끝낼 때까지 그만두지 않으셨다. 그분은 하나님께 "내 원대로 마시옵고 아버지의 원대로 되기를 원하나이다"라고 말씀하셨다(눅 22:42).

당신과 나도 예수님께 시선을 고정하고, 그분이 받은 사랑의 훈련을 받고, 불평하지 않으며 비탄에 빠지지 않으면서 고난을 견디면 완주할 수 있다.

올 여름, 나는 십대 소녀들을 위한 캠프에서 세 차례 성경공부를 인도하면서 다윗의 삶을 함께 살펴보았다. 우리는 다윗이 미래의 왕으로 어떻게 기름부음을 받았고, 골리앗과의 싸움에서 자신을 어떻게 증명했는지 살펴보았다. 다윗이 아주 많은 부분에서 얼마나 성실했는지도 살펴보았다. 그런데 다윗의 통치가 말년으로 향할 무렵, 밧세바 이야기가 나온다. 하나님은 자비를 베풀어 나단을 다윗에게 보내셨고, 다윗은 회개했다. 그 결과가 시편 51편이며, 우리는 이 시편을 읽으면서 우리도 진정으로 죄를 회개하면 하나님이 용서하신다는 사실을 확신하며 힘을 얻는다. 시편 51편에 대해 하나님께 감사하라. 하지만 다윗은 왜 실패했는가? 그것도 말년이 가까운 때에 왜 실패했는가?

네보봉고(Nebobongo)에서 있었던 일이 기억난다. 네보봉고는 콩고 북동부의 중심지에 있는데, 나는 그곳의 작은 병원에서 일했다. 어느 날 한 소년이 병원으로 달려왔다. 열한 살쯤 되어 보였다. 소년은 전도자인 아버지가 숲속 마을에 있는데 매우 아프다고 했다. 나는 아프리카에 온 지 불과 얼마 되지 않아서 길을 몰랐다. 그래서 소년에게 물었다. "나를 아버지에게 데려다 줄 수 있겠니?" "그럼요!" 소년이 대답했다. 내가 다시 물었다. "거리는 얼마나 되니?" 나는 앰뷸런스에 휘발유가 조금뿐이라는 사실을 알았다. 소년이 대답했다. "두 번 자면

되요."(그러니까, 가다가 길에서 두 번 자야하니 걸어서 사흘이 걸린다는 뜻이었다.) 나는 대략 90마일 정도 될 거라고 계산하면서 재빨리 생각을 했다. **남은 휘발유로 거기까지 가는 데는 문제가 없겠어.** 그래서 자기 아버지의 마을에 가면 휘발유가 가득한 400리터짜리 드럼이 있으니까 그 기름을 채워 돌아오면 된다는 소년의 말을 믿고 차를 몰았다. 소년을 옆에 태우고 가는 동안 대화를 나누었다. 아주 유쾌한 대화였다. 서로 자신에 대한 이야기를 했고, 나는 예수님에 관한 이야기를 들려주었다. 가는 중에 갈림길이 나오면 소년은 "오른쪽으로 가세요!"라고 했고, 나는 우회전을 했다. 그러다가 사거리가 나왔고, 나는 소년의 지시대로 방향을 틀었다. 잠시 후, 자동차가 갑자기 퍼륵퍼륵하고 기침을 하더니 멈춰버렸다. 연료 게이지를 보았다. 기름이 떨어졌다. 소년이 주위를 둘러보며 말했다. "선생님, 여기가 어딘지 모르겠어요. 여긴 처음 와 보는 곳이에요."

우리는 자동차를 길가에 세워둔 채 방금 온 길을 걸어서 되돌아가야 했다. 2-3마일쯤 걷자 갈림길이 나왔다. 그러자 소년이 말했다. "맞아요. 여기서 왼쪽으로 갔어야 했어요." 그런데 우리는 오른쪽으로 갔었다. 다시 2마일을 더 걸었다. 내가 자동차를 두고 온 곳에서 소년의 마을까지는 5마일 정도였다. 우리는 마을에서 아주 가까이 있었으나 마지막 순간에 엉뚱한 길을 선택했던 것이다.

그리스도인의 삶도 이렇게 될 위험이 있다. **마지막까지 계속 가는 것이** 얼마나 중요한지 모른다. 경주를 시작하는 것은 좋은 일이다. 그러나 결승선을 통과할 때까지 계속 가는 것이 훨씬 중요하다.

우리를 향한 그리스도의 인내

그리스도를 따르는 우리의 인내를 생각하다가 이보다 훨씬 더 놀라운 게 있을 거라는 생각이 들었다. 바로 우리를, 당신과 나를 대하시는 **그리스도의** 인내다. 나는 나를 향한 하나님의 인내와 오래 참음에 늘 놀란다. 특히 교회에서 성찬에 참여할 때와 예배 중에 함께 죄를 고백할 때 많이 놀란다. 나는 성찬에 참여할 때 지난 성찬식을 돌아본다. **지난번에도 똑같은 죄를 고백했었잖아!** 똑같이 조급함과 안달과 자신에 대한 약간의 유감과 자괴감을 고백했었다. 나는 다시 한 번 하나님께 용서를 구하며, 변화되길 전심으로 원한다고 말한다. 정말로 하나님이 나를 변화시키셔서 예수님을 더 닮은 모습이 되게 해 주시길 원한다. 나는 그리스도처럼 되길 **원하지만**, 실패할 때가 아주 많다. 그분은 너무나 오래 참으시지 않는가? 그분은 우리를 버리지 않으신다. 그분은 "기회는 줄 만큼 줬다. 이제 너하고는 끝이다."라고 말씀하시지 않는다. 하나님은 언제나 너무나 은혜로우시다. 그분의 가족인 우리를 아들의 형상으로 변화시키는 일에서, 우리를 향한 그분의 인내는 놀랍기만 하다.

내가 처음 구원받았을 때 부르던 찬양이 생각난다.

> 눈을 들어 예수님을 바라보라
> 그분의 놀라운 얼굴을 바라보라
> 세상 모든 것 희미해지리라
> 그분의 영광과 은혜의 빛 가운데서. 2)

그러므로 그분을 따르는 우리의 인내를 생각해 보기 전에 우리를 향한, 당신과 나를 향한 그분의 인내를 생각하고 잊지 말아야 한다.

여호와께 바라는 한 가지

매년 성탄절과 새해 첫 날 사이에, 나는 홀로 하나님과 함께 하는 시간을 가지면서 새해를 위한 특별한 성경 구절을 달라고 기도한다. 하나님은 2006년의 말씀으로 에베소서 1장 7절을 주셨다. "(내가) 하나님을 더 잘 알게 하소서"(NIV, 한글개역개정은 "하나님을 알게 하시고"). 이 말씀은 한 해 내내 내 마음의 소원이었다. 바울은 이 구절을 쓸 때 인생 말년이었으며 로마 감옥에 갇혀 있었다. 그는 오랫동안 선교사로 일했다. 그는 오랫동안 마음을 다해 하나님을 섬겼으나 아직도 그의 마음에서 "(내가) 하나님을 더 잘 알게 하소서"라는 기도가 나왔다.

2007년의 말씀을 구했을 때, 하나님은 시편 27편 4절을 주셨다. "내가 여호와께 바라는 한 가지 일 그것을 구하리니 곧 내가 내 평생에 여호와의 집에 살면서 여호와의 아름다움을 바라보며 그의 성전에서 사모하는 그것이라." 이 구절을 놓고 기도할 때 하나의 어구가 가슴에 와 닿았다. "한 가지"(one thing)라는 두 단어로 시작되는 구절이었다(NIV에서 이 구절은 one thing으로 시작한다 - 옮긴이). 그래서 성경 용어 색인을 통해 성경에서 "한 가지"를 말하는 구절을 모두 찾아보았다.

여기에서는 "한 가지"를 말하는 세 구절을 함께 생각해 보자.

- 내가 아는 한 가지 – **과거**의 사실
- 내가 하는 한 가지 – **현재**의 행동
- 내가 구하는 한 가지 – **미래**의 열망

이 세 가지는 그리스도인으로서 내 삶의 과거와 현재와 미래를 증언한다.

내가 아는 한 가지

"내가 아는 한 가지"라는 표현은 요한복음 9장 25절에 나온다. 맹인으로 태어난 사람이 있었는데, 예수님이 고쳐주셨다. 바리새인들이 "누가 네 눈을 고쳤느냐?" 하고 물었다. 바리새인들은 그가 맹인으로 태어난 그 사람이 아니라면서 그와 언쟁을 벌였다. 만약 그가 맹인으로 태어난 그 사람이라면 누가 그를 고쳤는가? 그가 이렇게 대답했다. "그가 죄인인지 내가 알지 못하나 한 가지 아는 것은 내가 맹인으로 있다가 지금 보는 그것이니이다." 이것은 사실이었다. 실제로, 과거의 사실이었다! 나는 이것이 우리 각자가 직접 체험한 과거의 사실이길 바란다. 하나님의 것을 못 보던 때가 있었는데 갑자기 볼 수 있게 되었다!

1월 1일의 놀라운 밤을 절대로 잊지 못한다. 60년도 넘은 너무나 아름다운 새해 첫 날이었다. 마치 어제 일처럼 생생하다. 하나님이 어떻게 그렇게 놀라운 일들을 행하시는지 모르겠다. 그러나 갑자기 하나님이 나를 아시고 나를 너무나 사랑하셔서 **나를** 위해 죽도록 아들을 보내셨다는 절대적인 확신이 들었다. 나는 이 놀라운 복음을 대학 첫

학기 내내 CU(Christian Union) 집회 때마다 들었다. 다만 그 집회가 마음에 끌렸다는 사실 외에, 내가 왜 그 집회에 참석했는지조차 모르겠다. 그러나 그때 나는 구주를 몰랐다. 내 마음은 점점 더 갈급했다. 성탄절 휴가 때, CU 소녀들이 나를 그리스도인들이 모이는 하우스 파티에 데려갔고, 나는 하우스 파티 마지막 날 밤에 갑자기 깨달았다. **내가 전에는 보지 못했으나 이제는 볼 수 있게 되었음을 깨달았다.** 이러한 완전한 인식, 곧 예수님이 과거에 나를 위해 하신 일에 대한 지식은 나에게 구원의 확신을 주었다.

우리가 복음주의 교회라 부르는 곳에까지 **예수님이 내 죄를 위해 죽으셨다**는 사실을 하찮게 여기는 가르침이 스며들고 있다. 이런 가르침을 전하는 사람들은 예수님은 하나의 본보기나 그와 비슷한 존재로 죽었다고 말한다. 어떻게 예수님이 우리의 구주로서 십자가에서 우리 대신 형벌을 받고 죽으셨다는 사실을 교묘히 피해가며, 대신에 무엇을 진리라고 믿는지 솔직히 모르겠다. 사실, 나는 이들이 "예수님이 내 죄를 위해 죽으셨다"는 사실을 믿지 않으면서 어떻게 스스로를 그리스도인이라 부를 수 있는지 모르겠다. 나에게 기독교의 기본 사실은 예수님이 내 죄를 위해 죽으셨다는 것이다. 내게는 이것이 흔들릴 수 없는 **사실**이다. 어느 그리스도인의 삶에서 어떤 일이 일어나든, 어떤 문제나 어려움이 있든 간에, 이 사실은 분명하다.

예수 나의 주 날 영원히 사랑해

악의 권세 그분과 나를 떼놓지 못해

자기 생명 버리사 내 영혼 구속하셨네

나 이제 주께 속했네

나 이제 예수께 속했네, 예수 내게 속했네

잠시가 아니라 영원히. 3)

나는 60년 전 그날 밤에 예수님과 사랑에 빠졌다. 나를 향한 그분의 사랑에 압도되었다. 나는 그 하우스 파티에서 구원받았고, 파티를 주관한 여자 분이 내게 새 성경책을 주었다. 성경공부를 인도하는 분 - 20세기 전반기에 영국에서 뛰어난 성경 교사였던 그래함 스크로지 박사(Dr. Graham Scroggie) - 이 새 성경에 빌립보서의 한 구절을 써주었다. "내가 그리스도와 그 부활의 권능과 그 고난에 참여함을 알고자 하여 그의 죽으심을 본받아"(3:10). 그런 후 30분도 채 지나지 않아, 스크로지 박사는 나를 4년간의 성경통신 과정에 등록시켰다. 나는 4년간 그의 가르침을 받으면서 예수님과 사랑에 빠졌을 뿐 아니라 그분의 말씀과도 사랑에 빠졌다.

그날 밤 잠자리에 들기 전에 빌립보서 3장을 찾아 그 구절을 직접 읽어보려 했다. 하지만 성경에 대해 아는 게 없었다. 사실, 나는 영적인 것에 완전히 무지했다. 이 장을 기록한 바울이 누군지도 몰랐다. 그러나 이 장을 읽는 순간 바울처럼 예수님을 사랑하고 싶어졌다. 그분을 전심으로 사랑하고 싶어졌다. 내가 가진 모든 것으로 그분을 사랑하고 싶어졌다. 모든 부분에서 그분에게 최우선순위를 두고 싶어졌다. 갈렙이 내 삶의 본보기가 된 이유의 일부분은 이것 때문이다. 그가 하나님을 **전심으로** 사랑하고 따랐기 때문이다. 나는 매일 성경공부를 시작하면서 "그러므로 이제 그리스도 예수 안에 있는 자에게는 결코 정죄함이 없나니"(롬 8:1)와 "다른 이로써는 구원을 받을 수 없나니 천하 사람 중에 구원을 받을 만한 다른 이름을 우리에게 주신 일이 없음이라"와 같은 구절(행 4:12)을 만났다. 예수님뿐이다. 그분만이 유일무이한 사랑스럽고 아름다운 우리의 구원자다.

나는 대학으로 돌아가 의사가 되는 과정을 마쳤다. 그런 후, WEC 국제선교회에 가입했다. 1951년, 배를 타고 아프리카 콩고로 향했다. 대학시절과 콩고에서 선교사로 일한 12년과 5개월간의 반란(1964년에 일어난 콩고 내전) 때 겪은 일을 토대로 첫 번째 책을 쓰면서, 전심으로 주님을 사랑하고 섬기려는 갈망을 표현하려 애썼다. 갈렙은 "이 산지를 지금 내게 주소서"라고 했다(수 14:12). 나는 처음 선교지에서 일하는 동안 정상의 체험을 간절히 원했다. 정상에 오르고 싶었다. 예수님을 보고 싶었다. 정말이지 예수님을 기쁘게 하고 싶었고, 가능하다면 그분을 얼마나 사랑하는지 조금이나마 보여드리고 싶었다. 많은 어려움이 있었다. 좌절의 순간들도 있었다. 거의 포기했던 순간들도 있었다. 하나님이 원하시는 사람이 되지 못한 내 모습을 보며 고통스러워했다. 그러나 이 모든 것 속에 예수님을 전심으로 사랑하고 따르려는 간절한 갈망이 있었다.

내가 행하는 한 가지

이제 두 번째 "한 가지"를 살펴볼 차례다. 바울은 빌립보서 3장 13절에서 "나는 아직 내가 잡은 줄로 여기지 아니하고 오직 한 일(one thing I do)…"이라고 현재 능동태로 말한다. "오직 한 일 즉 뒤에 있는 것은 잊어버리고 앞에 있는 것을 잡으려고 푯대를 향하여 그리스도 예수 안에서 하나님이 위에서 부르신 부름의 상을 위하여 달려가노라"(13-14절). 호세아 6장 3절은 "끈덕지게(keep on keeping on) 여호와를 알자"고 말한다. 이것은 내가 가진 스와힐리어 성경의 문자적 번역이다. 포기하지 말라. 대신에 끝까지 주님을 힘써 알라. 예수님은 "또 너희가 내 이름으로 말미암아 모든 사람에게 미움을 받을 것이나 끝까지 견디는 자는 구원을 얻으리라"라고 말씀하셨다(마 10:22). 우리는 자신이 그분의 대사

(大使)라는 사실을 안다. 그리스도께서는 우리에게 화해의 말씀을 맡기셨으며, 다른 사람들에게 자신이 그들의 죄를 위해 죽으셨다는 사실을 전하라고 하셨다. 이것이 우리가 지금 해야 할 일이 분명하다. 우리는 바로 이 일을 위해 보냄을 받았다. 하나님은 예수님을 전하라고 우리를 보내셨다. 우리 마음에 진지함이 있어야 한다. 나는 **반드시** 예수님을 전해야 한다. 이것은 해도 되고 하지 않아도 괜찮은 선택의 문제가 아니다. 나는 반드시 전해야 한다. 바울이 말한 게 바로 이것이다. "오직 한 일 즉 뒤에 있는 것은 잊어버리고 앞에 있는 것을 잡으려고 푯대를 향하여 그리스도 예수 안에서 하나님이 위에서 부르신 부름의 상을 위하여 달려가노라"(빌 3:13-14).

낙담하게 되거나 연약해지거나 늙어가더라도 계속 전진하라. 절대 포기하지 말라. "그분을 기쁘시게 하자"를 표어로 삼고 매일 황소걸음으로 전진해야 한다. 모든 일에서 그분을 기쁘시게 하는 것을 표어로 삼아야 한다. 내려야 하는 모든 선택에서, 크고 대단한 선택뿐 아니라 작고 보잘 것 없는 선택에서도, 그분을 기쁘시게 하자는 것이 우리의 표이여야 한다. "모든 일에서 그분을 기쁘시게 하자"가 우리의 표어여야 한다. 우리의 삶을 여기에 헌신해야 한다.

나는 최근에 대학생들과 많은 시간을 보냈다. 이들은 대부분 그리스도인이며, 나는 무엇보다도 이들에게 용기를 주려고 노력했다. 때로는 갔던 곳에, 대개는 몇 년 만에 다시 가기도 한다. 나는 학생들에게 묻는다. "여러분 중에 제가 작년에 왔을 때 이 자리에 있었던 사람들이 얼마나 되나요?" 학생들은 꽤 신이 나서 손을 든다. 그들은 아주 기쁜 표정으로 내가 지난번에 왔을 때 자신이 그 자리에 있었다고 말한다. 그러면 나는 이렇게 말한다. "여러분은 지금 이 자리에 있어서는 안 됩니다. 지난번에 제 말을 들었다면 지금쯤은 선교 현장에 있어야지요." 그게 아니라면 최소한 선교사가 되기 위해 그 다음 훈련 단계를 밟고 있어야 한다.

손을 놓고 게으름을 부리고 싶은 유혹은 언제나 있다. 더 푸른 풀밭을 원하기란 쉬운 일이다. 우리는 이렇게 생각하기 쉽다. **누구와 일하지 않을 수만 있다면, 이런 이런 데서 일할 수만 있다면 하나님이 원하시는 사람이 될 수 있을 텐데. 그 일을 할 수 있지만…**. 우리는 환경을 탓하거나 동료를 탓하거나 심지어 자신의 가정을 탓한다. 선교사라면 선교회를 탓한다. (나는 선교 현장에 선교회가 있는 유일한 이유는 선교사들이 탓할 대상이 있어야하기 때문이라고 생각했었다!) 그러나 사실, 책임은 내게 있다. 오늘날의 탓하는 문화 때문에, 나는 손을 놓거나 게으름을 부리거나 "주님, 더 이상 못해요. 내 몫은 다 했어요. 쉬고 싶어요."라고 말할 때도 자신을 정당화하려 한다. 이렇게 생각하거나 말했다면, 그는 위험에 빠져 있다. 우리는 끝까지 바른 생각에

100퍼센트 전념해야 한다.

　내게 아주 어려운 일 중에 하나는 하나님이 나를 어디에 두시든 그 곳에서 일관된 그리스도인의 삶을 사는 법을 배우는 것이었다. 나는 중앙아프리카 콩고에서 20년을 살았다. 거기서 그리스도인으로 사는 일은 많은 면에서 아주 쉬웠다. 피부가 검은 8만 명 속에 피부가 창백한 사람은 나밖에 없었다. 아프리카 사람들은 나를 만나면 이렇게 말하곤 했다. "선교사가 할 일은 예수님을 이야기하는 겁니다. 그러니 예수님에 대해 이야기해 주세요!" 아주 쉬운 일이었다. 그런데 하나님은 나를 다시 영국으로 부르셨고 여기에서 살고 일하게 하셨다. 나는 이제 벨페스트 바로 외곽에 산다. 나는 아프리카 사람들을 사랑한다. 아프리카에서 선교사로 살던 때가 그립다. 그러나 풍요로운 서구인들을 사랑하기란 훨씬 더 어렵다.

　아프리카 정글에서 좁은 길을 걷다가 습지대에 이르러 미끄러운 장대로 된 좁은 다리를 건너는데 맞은편에서 아프리카 사람이 건너오고 있으면, 둘 중 하나는 되돌아가야 한다. 그러나 나는 그럴 능력이 없었다! 나는 다리 위에서 가까스로 균형을 잡을 정도였다. 내가 맞은편의 사람을 피해 지나가기란 전혀 불가능했다. 그랬다가는 진흙탕에 떨어질 게 뻔했다. 그래서 맞은편 사람이 아주 고맙게도 뒤로 물러나 주었다. 그러면 나는 반대편으로 건너가 그에게 말했다. "내 가장 좋은 친구를 아세요?" "누군데요?" "예수라는 분이요." "모르겠는데요." "소개해 드릴까요?" "네." 우리는 강둑에 앉아 두 시간, 세 시간, 어떨 때는 네 시간을 이야기했다. 그 사람은 전혀 서두르지 않았다. 그에게 시간은 중요하지 않았다. 지금 영국에서라면 절대로 그러지 못한다! 하지만 아프리카에서는 그런 일이 식은 죽 먹기다. 그러나 나는 하나님이 나를 어디에 두시느냐는 중요하지 않음을 깨달아야 했다. 우리는 일관된 그리스도인이 되며, 100퍼센트 예수님과 사랑에 빠지며, 예수님이 우리를 어디에 두시든 모든 일에서 그분을 기쁘시게 하길 간절히 바라고 여기에 전념하는 법을 배워야 한다.

그러려면 골짜기로 내려가야 한다. 산꼭대기에서는 우리의 삶을 향한 하나님의 목적을 이루지 못한다. 제자들은 산꼭대기에서 변화되어 모든 영광으로 빛나는 예수님을 보았다. 그분의 옷은 광채가 났다. 그분의 눈도 빛났다. 제자들은 하나님의 영광 가운데 있었다. 그 다음 순간, 제자들은 무리가 모여 있는 골짜기로 내려왔다. 무리 중에는 귀신 들린 아들의 아버지가 있었다. 사역은 그곳에서 이루어졌다. 산꼭대기는 환상의 자리였으나 사역의 자리는 산 아래 골짜기였다. 우리의 경우도 마찬가지다. 정말 중요한 것은 골짜기를 떠나지 않으려는 의지다. 때로 골짜기는 매우 어둡다. 매우 외롭다. 매우 절망적이다. 때로 나는 귀신들린 아들의 아버지처럼 외치고 싶었다. "내가 믿나이다.

나의 믿음 없는 것을 도와주소서!"(막 9:24). 그러나 우리는 골짜기를 떠나지 말아야 한다.

우리는 콩고 내전 중에 다섯 달을 게릴라들에게 잡혀 있었다. 두렵고 고통스럽다고 신음하거나 괴로워해봐야 아무 소용이 없었다. 내가 그곳에 있는 이유는 하나님이 나를 그곳에 두셨기 때문임을 알았다. 따라서 내게 일어나는 모든 일은 하나님 책임이었다. 우리는 마침내 구조되어 고향으로 안전하게 돌아갔다. 우리가 다시 콩고로 돌아갔을 때, 사람들은 "선교사님, 너무 멋져요!"라고 했다. 솔직히, 나는 특별히 멋진 구석이 없다. 나는 어른이 된 후 콩고에서만 살았다. 콩고 외에 다른 데서 의술을 펼친 적이 없다. 콩고 사람들은 내 가족이었다. 나는 콩고 사람들을 사랑했다. 영국의 내 집에 머물고 싶지 않았다. 콩고로 들어가겠다는 내 결정은 솔직히 그렇게 놀라운 게 아니었다. "예수님을 기쁘게 하자"는 간절한 바람이 내 몸에 배어 있었다. 나는 진심으로 100퍼센트 예수님만을 위해 살고 싶었다. 우리는 알았다. 포로가 되었을 때도 알았고, 심하게 매를 맞을 때도 알았고, 상황이 유쾌하지 않을 때도 알았다. 하나님은 여전히 보좌에 계시며 그분의 백성을 잊지 않으셨다는 사실을. 그분은 우리와 함께 계셨다. 무슨 일이 있더라도 우리와 함께 계실 것이다. 하나님은 언제나 그분의 목적을 이루신다.

어디서나 어떤 환경에서나 예수님을 전해야 한다는 사실을 생각하고 있을 때 두 개의 성경 구절이 떠올랐다. 이사야 52장 7절은 이렇게 말한다. "좋은 소식을 전하며 평화를 공포하며 복된 좋은 소식을 가져오며 구원을 공포하며 시온을 향하여 이르기를 네 하나님이 통치하신다 하는 자의 산을 넘는 발이 어찌 그리 아름다운가?" 정말로 아름답지 않은가? 예수님은 당신과 내게 말씀하신다. "사람들에게 나를 전하느라 바쁘다면 너희는 참으로 아름답다." 다른 누구도 당신과 내가 특별히 아름답다고 생각하지 않을지 모르지만 하나님은 말씀하신다. "사람들에게 예수를 전하느라 바쁘다면 너희는 내 눈에 참으로 아름답다."

예수님이 어떤 일에 대해 아름답다고 말씀하신 구절이 하나 더 있다. 예수님은 시몬의 집에서 식사 중일 때 한 여인이 다가와 값비싼 향유가 든 옥합을 깨뜨려 자신에게 부었을 때, 그 여인이 자신의 장례를 준비하고 있다고 말씀하셨다. 제자들은 투덜거렸다. "어찌하여 이 향유를 허비하는가 이 향유를 삼백 데나리온 이상에 팔아 가난한 자들에게 줄 수 있었겠도다." 그때 예수님이 말씀하셨다. "너희가 어찌하여 그를 괴롭게 하느냐 그가 내게 **좋은**(아름다운, NIV) 일을 하였느니라"(막 14:4-6). 우리가 예수님을 예배할 때, 즉 우리 삶의 모든 부분에서 그분을 예배하도록 허락하신 예수님의 은혜에 감사하며, 예수님을 첫째 자리에 두며, 그분을 사랑하며, 그분을 더 알기 원하며, 그분과 함께 하면서 우리 내면의 가장 깊은 부분을 그분께 쏟아 부을 때, 그분은 이러한 우리의 모습이 아름답다고 말씀하신다. 우리가 예배할 때처럼, 섬길 때에도 하나님은 우리의 모습이 아름답다고 말씀하신다. 하나님은 우리가 그분을 위해 하려는 모든 일을 아름답게 여기시며, 우리가 그분을 전할 때 우리를 보시며 아름답다고 말씀하신다.

다음 찬송을 알 것이다.

> 나의 목적은 기쁨도 평안도 아니며
> 축복도 아니며, 하나님, 오직 그분, 나의 하나님이라.
> 그분의 목적 날 이끄네, 내 목적이 아닌 그분의 목적이.
> 어떤 희생이 따라도 주님 따르리.
>
> 내가 아는 한 가지, 그분께 '아뇨' 라 못하네.
> 내가 하는 한 가지, 주님을 향해 가네,
> 나의 하나님, 나의 영광, 여기서 날마다
> 거기서 영광중에 나의 큰 상급되시네. [4]

너무나 아름다운 찬송이다. 하나님을 향한 내 가장 깊은 갈망을 잘 표현했다.

내가 구하는 한 가지

이제 세 번째 "한 가지"를 살펴볼 차례다. 시편 27편 4절에 나온다. "내가 여호와께 바라는 한 가지 일 그것을 구하리니 곧 내가 내 평생에 여호와의 집에 살면서 여호와의 아름다움을 바라보며 그의 성전에서 사모하는 그것이라."

먼저 하나님 나라와 그분의 의를 구하면 나머지 필요한 전부를 우리에게 주시겠다는 예수님의 말씀에(마 6:33) 의지하여 이 기도를 드려라. 나는 내가 하는 모든 일에서 항상 하나님을 기쁘시게 하기 위해 바른 우선순위를 정하길 간절히 바란다. 나는 사랑하는 주 예수님을 기쁘시게 하는 일에, 그분을 그 무엇보다 사랑하기 위해 그분을 구하는 일에 최고의 우선순위를 둔다. 이것이 바로 시편기자가 말한 "살면서," "바라보는" 것이다.

솔직히, 나는 주님과 함께 사는가? 방문객이나 지나가는 객이 아니라 그분의 집에 살고 있는가? 그분 앞에 사는가? 다시 말해, 내 삶의 전부를 주님 앞에 내어놓는가? 진정으로 주님이 우리의 삶에 깊이 들어오시게 함으로써 우리의 모든 일을 우리의 동료이신 그분 앞에서 하는가?

마리아와 마르다를 기억하라. 마르다는 바쁘고 경황이 없었다. 마르다는 할 일이 너무 많았다. 마리아는 예수님의 발 앞에 앉았으며, 그저 그분과 함께 있었다. 그런데 예수님은 마리아가 "좋은" 편을 선택했다고 말씀하셨다(눅 10:42). (예수님은 실제로 몇몇 번역과는 달리 "더 좋은" 편이라고 말씀하지 않으셨다.) 마리아가 하는 일은 좋았다. 주님은 마르다에게 이렇게 말씀하셨다. "마르다야 마르다야 네가 많은 일로 염려하고 근심하나 몇 가지만 하든지 혹은 한 가지만이라도 족하니라 마리아는 이 좋은 편을 택하였으니 빼앗기지 아니하리라." 나는 좋은 편을 선택하는가? 우리는 그분 앞에 나아가는 이른 시간을, 홀로 주님과 함께 하는 경건의 시간을 소중히 여기는가? 이것은 그분이 원하시는 사람이 되는 데 필수적이다. 이것은 사랑스러운 우리 주 예수를 더 닮아가는 유일한 길이다. 이른 시간을 낼 수 있는가? 어린 아이를 키우는 엄마는 경건의 시간을 갖기가 매우 어렵다는 사실을 나도 안다. 이들이 이른 시간에 경건의 시간을 갖기란 거의 불가능하다는 것도 잘 안다. 그러나 우리는 홀로 하나님과 함께 하는 시간을 어떻게든 찾아낼 수 있다. 우리가 마음을 다하면, 하나님은 우리가 그 시간을 찾아내게 하신다. 나는 그 무엇도 그 시간을 침범하지 못하도록 지키는가?

나는 신문이나 잡지나 다른 무엇보다 하나님의 말씀을 읽고 거기에 잠기길 더 좋아하는가? 하나님의 말씀이 솔직히 내게 소중한가? 우리는 매일 신문이 아니라 말씀을 읽을 때 예수님을 더 닮는다!

나는 하나님이 매일 나를 위해 준비해두신 잔치에 갈급한가? 나는 의에 주리고 목마르며, 그분의 거룩으로 거룩해지길 원하는가? 나는 자신의 실패를 1년 전보다 빨리 알아차리고 부끄러워하는가? 내가 예수님을 더 닮는 중이라면 그럴 것이다. 나는 더 빨리 말할 것이다. "주님, 죄송해요. 그렇게 하거나 말하지 말았어야 했어요." 또는 "그렇게 하거나 말했어야 했어요." 나는 회개로 나를 이끄시는 그분의 손길에 더 빨리 반응할 것이다. 나는 그분의 아름다움이 내게 머물길 원하는가? 나는 시편 90편 17절을 좋아한다. "주 우리 하나님의 은총(beauty, KJV)을 우리에게 내리게 하사." 이것은 하나님 성품의 아름다움이다. 갈라디아서 5장 22-23절을 생각해 보라. "오직 성령의 열매는 사랑과 희락과 화평과 오래 참음과 자비와 양선과 충성과 온유와 절제니, 이 같은 것을 금지할 법이 없느니라." 이것이 예수님의 아름다움이다. 이러한 성품이 내게서도 나타나는가?

이러한 성품은 개인적으로, 집에서 더 많이 요구된다. 사람들이 우리가 강단에 설 때 보는 우리의 모습이 아니라 우리와 가장 가까운 가족이 보는 우리의 모습이 중요하다. 우리가 강단에 설 때는, 모든 사람이 우리가 훌륭하다고 생각할 것이다. 그러나 진정한 테스트는 가정에서 우리를 잘 아는 사람들과 함께 있을 때 이루어진다. 나는, 그리고 당신은 주 예수의 아름다움을 실제로 나타내고 있는가?

> 내게서 예수님의 아름다움을
> 그분의 놀라운 긍휼과 정결함이 나타내소서.
> 성령님, 내 모든 본성이 깨끗하게 하소서
> 예수님의 아름다움이 내게서 나타날 때까지. 5)

　나는 예수님을 나타낼 수 있도록 그분의 아름다움을 보길 간절히 원하는가? 놀라운 구절인 고린도후서 3장 18절에서, 바울은 우리를 보는 사람들이 예수님을 보도록 우리가 예수님의 사랑스러움과 영광과 아름다움을 비추는 거울이 되어야 한다고 말한다. 이런 일이 실제로 일어나고 있는가? 나 자신이 정말로 이러한 모습인가?

　내가 가장 좋아하는 성경구절 중 하나는 요한일서 3장 1-3절이다. "보라 아버지께서 어떠한 사랑을 우리에게 베푸사 하나님의 자녀라 일컬음을 받게 하셨는가… 사랑하는 자들아 우리가 지금은 하나님의 자녀라 장래에 어떻게 될지는 아직 나타나지 아니하였으나 그가 나타나시면 우리가 그와 같을 줄을 아는 것은…." 우리는 너무나 사랑스러운 분처럼 된다. 이것이 아름다움이다. 이것이 시편 27편 4절에서 시인이 한 말이다. "내가 내 평생에 여호와의 집에 살면서 여호와의 아름다움을 바라보며…" 그러므로 내 삶, 내 입술, 내 행동, 내 동기, 내 반응은 모두 주 예수의 아름다움을 나타내야 한다. 이것을 노래한 찬송이 있다.

내 구주 **그리스도의 마음**이
날마다 내 안에 살게 하시고
그분의 사랑과 능력이
내 모든 행동과 말을 다스리게 하소서.

하나님의 말씀이 내 마음에
시간마다 풍성히 거하게 하시고
내가 보는 모든 것에서
오직 그분의 능력으로 이기게 하소서.

내 아버지 **하나님의 평안**이
내 모든 삶을 다스리게 하시고
아플 때나 슬플 때
고요히 위로받게 하소서.

예수님의 사랑이

물이 바다를 채우듯 나를 채우게 하시고

그분이 높아지고 나는 낮아지게 하소서.

이것이 승리입니다.

내 앞에 놓인 경주를 하며

강하고 담대하게 적과 싸우며

오직 예수님만 바라보며

전진하게 하소서.

내가 잃은 양을 찾아다닐 때

그분의 아름다움이 내 위에 머물게 하소서.

그들이 길을 잃더라도

그분만 바라보게 하소서. [6)]

이 골짜기에 개천을 많이 파라

나는 이것을 갈망한다. 그러나 그와 동시에 당신의 주의를 집중시키고 싶은 부분이 하나 더 있다. 우리는 그리스도의 아름다움을 나타내야 한다. 그분의 아름다움은 참되며 필수적이다. 그러나 이 때문에 우리에게는 구체적 책임이 있다. 나는 얼마 전에 80회 생일을 맞았는데, 나보다 열흘 정도 먼저 태어난 친구에게서 이메일을 받았다. 그는 80대 클럽(Octotenarians' Club)이라는 모임에 나를 초대하면서 이렇게 썼다. "한 가지만 기억하세요. 저희 클럽의 규정은 하나뿐입니다. **은퇴**란 없습니다. 아직 할 일이 이렇게 많은 때에 한 사람이라도 은퇴하면 안 됩니다." 지당한 말씀이다.

당신이 은퇴를 앞두고 있거나 막 은퇴를 했거나 조기 은퇴를 했다면, 은퇴가 당신의 삶에서 황금 같은 기회라는 사실을 깨닫고 있는가? 당신이 과거에 무슨 일을 했던 간에, 이제는 더 이상 9시부터 5시까지 일하러 가지 않아도 된다. 당신은 이제 자유로우며 따라서 자투리 시간이 아니라 온전한 시간을 바쳐 예수님을 섬길 수 있다. 덜 섬기는 게 아니라 더 섬겨야 할 때다. 예수님 앞에 더 많이 나아가며, 그분을 더 많이 나타내며, 그분을 더 많이 전해야 할 때다. 놀라운 사실은 전능하신 하나님이 그분을 위해 일하라고 우리를 초대하신다는 것이다.

내가 아프리카에서 고향으로 돌아온 후, 선교회는 나를 하루 빨리 아프리카로 돌려보내지 않을 게 거의 분명했다. 선교회는 내게 집에서, 국내에서 할 일을 맡겼다. 나는 주님께 나를 인도하시고, 이것이 그분의 뜻임을 확인해주는 구절을 구했다. 나는 사실 수술을 받고 병원에 누워 있었다. 마취에서 깨어난 후 간호사에게 물었다. "제 성경을 집어 표시되어 있는 곳을 펴주시겠어요?" 간호사는 성경을 집어 내 앞에 폈다. 성경을 보니 열왕기하 3장이었다. 나는 생각했다. **하나님이 어떻게 열왕기하 3장을 통해 나를 인도하시려는 걸까?** 나는 성경을 읽고 기도하기 시작했다. "하나님, '여호와의 말씀이'라는 어구가 있는 구절을 원합니다. 도저히 놓칠 수 없을 만큼 분명해야 합니다. 누구라도 당신의 음성으로 알 만큼 분명해야 합니다." 나는 열왕기하 3장을 읽기 시작했다. 아는 이야기였다. 아프리카에서 학생들에게 가르쳤던 내용이었다. 그래서 내용이 어떻게 전개될지 알았다. 그러나 "여호와의 말씀이"라는 어구가 어디에 나오는지는 몰랐다. 그때 갑자기 "여호와의 말씀이"라는 어구가 보였다. 내가 원하는 구절이 아니었다. 무서웠다. 그리고 생각했다. **하나님이 내게 도대체 무슨 말씀을 하시려는지 모르겠군.** 손으로 성경책을 가렸다. 그러나 하나님이 엘리사 선지자를 통해 유다 왕과 이스라엘 왕과 에돔 왕에게 하시는 말씀이 눈에 들어왔다. "이 골짜기에 개천을 많이 파라"(16절).

열왕기하 3장은 놀라운 이야기다. 흥분되면서도 아름다운 이야기다. 하나님은 "이 골짜기에 개천을 많이 파라"라고 말씀하신 후, 그 다음 절에서 "너희가 바람도 보지 못하고 비도 보지 못하리라"고 말씀하신다. 틀림없이 터무니없고 어리석어 보이기까지 했을 것이다. 군대는 모압과 경계를 이루는 강 가운데 서 있다. 강은 바닥까지 바짝 말랐다. 그런데 하나님은 개천을 파는 훈련을 받지도 않았고 삽조차 없는 병사들에게 말씀하셨다. "이 골짜기에 개천을 많이 파라." 그러나 하나님은 병사들에게 정확히 이렇게 하라고 말씀하셨다. 이들은 잘 훈련된 군대였다. 그래서 무릎을 꿇은 채 손으로 강바닥을 팠다. 한 사람이 판 개천(웅덩이)은 길이가 1미터, 깊이가 30센티, 폭이 10센티 정도였을 것이다.

 나는 가끔 생각해 본다. 이들은 개천을 파느라 정신이 없었다. 아마도 수천 명의 병사들이 개천을 팠을 것이다. 각자 자신의 개천을 파면서 모래를 퍼내면 뒤에 있는 사람이 모래가 흘러내리지 않도록 다졌을 것이다. 병사들이 짜증내는 모습이 상상이 간다. 이들을 더욱 힘들게 한 사실은 하나님께서 이들이 비를 보지 못하리라고 말씀하셨다는 것이다. 이들은 틀림없이 모든 수고가 무의미하다고 느꼈을 것이다. 그럼에도 이들은 골짜기에 개천(웅덩이)을 많이 팠고, 그날 밤에 하나님은 그 개천에 물을 채우셨다. 병사들이 아침에 일어나보니 물이 골짜기에 가득했다. 짐승과 사람이 모두 먹고 남을 만큼 많은 양이었다. 한편, 모압 군대가 산위에서 이스라엘 군대를 내려다보고 있는데, 해가 떠올랐다. 해가 물을 비추자 모압 사람들이 보기에 피 같았다. 그래서 이들은 이렇게 말했다. "이는 피라. 틀림없이 저 왕들이 싸워 서로 죽인 것이로다. 모압 사람들아, 이제 노략하러 가자." 이들은 패배했고, 이들의 성읍은 완전히 황폐화되었다. 하나님은 그분의 백성에게 놀라운 승리를 주셨다.

내가 이 장을 읽을 때 하나님은 내게 "이 골짜기에 개천을 많이 파라" 하고 말씀하셨다. 여기서 "이"(this)는 현재를 포함한다. 당신이 지금 있는 곳이다. 당신의 삶이나 다른 사람의 삶에서 다른 날의 골짜기가 아니다. "**이** 골짜기에 개천을 많이 파라." 당신의 주변에 골짜기가 느껴질 수도 있다. 골짜기는 새로운 시작일 수도, 이직(移職)일 수도, 슬픔일 수도 있으며, 이유도 제 각각일 수 있다. 그러나 "**이 골짜기**"는 당신이 지금 있는 자리를 말한다. 이것은 각 사람의 개인적인 골짜기다.

나는 이후로 이 구절을 그대로 실천했다. "이 골짜기에 개천을 많이 파라." 내가 깨달은 사실은 하나님은 실제로 당신과 내가 필요하지 않다는 것이다. 그분은 주권자다. 그분은 전능하다. 그분이 세상의 미전도 종족(種族)에게 나아가는 데 우리가 필요하지 않다. 그러나 그분은 은혜와 자비로 우리를 사용하기로 선택하신다. 그분은 우리가 그분의 손에 들린 **삽**이길 원하신다. 그분은 우리가 그분의 개천(웅덩이)을 파길 원하시며, 우리를 두신 곳이라면 어디서든 우리를 그분의 삽으로 사용하길 원하신다. 놀랍고도 놀라운 일이다.

나는 런던에 있는 GCU(The Girl Crusaders Union)라는 청년 단체의 일원인데, 이 단체는 지난해 설립 90주년을 맞았다. 나는 이 단체로부터 영국, 스코틀랜드, 웨일즈, 아일랜드에서 한 차례씩, 그리고 런던에서 또 차례 강연을 해 달라는 요청을 받았다. 강연의 주제는 "하나님은 삽을 쓰신다"(God Chooses to Need Spades)였다. 우리는 이 놀라운 사실을 깨달아야 한다. 그분은 자신이 **무엇을** 하길 원하는지 아시며, **어디서** 그 일을 하길 원하는지 아시며, **언제** 그 일을 하길 원하는지 아신다.

우리는 준비되었는가? 하나님이 어느 날 우리 대신 갈퀴와 쇠스랑을 사용하기로 하고 우리를 헛간에 남겨두시더라도, 우리는 절대로 찌무룩해서는 안 된다. 괜찮다. 하나님은 우리를 정확히 어느 순간에, 어디에서, 무슨 일에 사용해야 할지 아신다. 하나님은 우리 모두를 마지막까지 사용하길 원하신다.

놀랍고 사랑스러운 **주님의 대사**로서 만나는 모든 사람들에게 그분의 복음을 전함으로써 그분을 섬기는 데 100퍼센트 참여하는 것, 이것이 바로 우리 각자의 미래다. 이것은 특권이다. 놀라운 특권이다. 하나님은 당신과 나를 복음 전파라는 그분의 일에 사용하길 원하신다는 사실은 믿기 어려운 특권이다.

내가 물어야 할 질문은 이게 전부다. **나는 내 골짜기에 개천을 많이**

팠는가? 나는 이렇게 말하지 않는가? "주님, 오랫동안 개천을 팠습니다. 이제는 정말이지 지쳤습니다. 제게 다른 구절을 주실 수 없나요?" 주님은 내게 이렇게 말씀하신다. "아직 더 파야 한다." 그래서 나는 지금도 개천을 파고 있다. 하나님이 당신에게 맡기신 일이 매우 작아 보일지 모른다. 어쩌면 당신은 주부일 것이다. 그래서 집안 청소하고, 요리 하고, 아이들 돌보고 있을 것이다. 어쩌면 당신은 집안의 생계를 책임지는 가장일 것이다. 아침 출근길에 교통 체증에 시달리지만, 출근길이든 사무실이든 어디서든 자신의 자리에서 예수님의 대리자다. 대학생이라면, 그곳에서 예수님의 대리자가 되어야 하며, 정치적으로 옳지 않을 때라도 예수님의 편에 서야 한다.

그러므로 산꼭대기서는 그리스도를 더 잘 알기 위해 노력하고, 골짜기에 내려와서는 부활의 큰 능력을 힘입어 손에 물집이 잡힐 때까지 열심히 일하려는 자세를 취하며, 그런 후에는 주님이 보내시면 어디라도 가서 개천을 팔 준비를 하고, 죄에 병든 세상에 예수님을 전하는 일이 특권이라는 사실을 늘 기억하라. 그리고 모두 "하나님의 전신 갑주를 취하라 이는 악한 날에 너희가 능히 대적하고 모든 일을 행한 후에 서기 위함이라"(엡 6:13). 포기하지 말라. 용기 잃지 말라. 낙담하지 말라. 예수님을 바라보며 끝까지 견뎌라.

처음 시작했던 히브리서 12장 1-2절로 끝을 맺겠다.

인내로써 우리(우리들 각자) 앞에 당한 경주를 하며, 믿음의 주요 또 온전하게 하시는 이인 예수를 바라보자.

결승선을 통과할 때까지 절대로 멈추지 마라. 아멘.

Getting Old to the Glory of God

삶의 마지막까지 후회없도록

존파이퍼
John Piper

5장 | 인내하라! 하나님의 영광을 위해!

존 파이퍼는 하나님의 영광을 위해 사는 삶에 대해 말한다. 그 비결은 세상이 아니라 하나님이 우리의 영광이요 모든 것을 채우시는 분임을 아는 것이다. 그러나 이를 가로막는 큰 장애물은 그리스도를 귀중히 여기지 않는 두려움이다. 이 두려움을 극복하려는 두 가지 일반적인 전략이 있다. 첫째, 믿음과 사랑 가운데 인내하는 것이 최종 구원에 이르기 위해 반드시 필요한 것은 아니라고 믿는 것과, 둘째, 자신의 노력에 의존하는 인내가 불가피하다는 믿음이다. 파이퍼는 이 두 견해가 완전히 틀린 이유를 설명한다. 인내는 최종 구원에 반드시 필요하며, 그리스도 안에 있는 모든 이들에게 필요하다. 인내하지 못하리라는 두려움을 이기는 성경적 방법은 그리스도를 가장 귀한 보화로 여기고 기뻐하는 것을 믿음의 싸움으로 보는 것이다.

John Piper

존 파이퍼

하나님이여 내가 늙어 백발이 될 때에도 나를 버리지 마시며
내가 주의 힘을 후대에 전하고
주의 능력을 장래의 모든 사람에게 전하기까지
나를 버리지 마소서 (시 71:18)

나이가 들수록 하나님의 영광을 위해 산다는 말은 늙어갈수록 하나님이 영광스럽게 보인다는 뜻이다. 이 말은 살든지 죽든지 하나님이 자신의 모든 것을 만족시키는 가장 귀한 보화라는 뜻이다. 여기에는, 이 세상이 우리의 보화인 것처럼 보이도록 살지 않는다는 의미도 포함한다. 사람들은 우리에게 이 세상이 보화처럼 보이도록 살라고 요구한다. 그러나 우리가 그렇게 살면, 하나님은 멸시 당하신다.

나이가 들수록 하나님을 영화롭게 한다는 말은 내가 내 삶을 마무리하려는 생각을 단호히 거부한다는 뜻이다. 이것은 하나님께서 그리스도 안에서 우리의 장래를 위해 약속하신 모든 것에 만족하기 때문에 노년에 누구나 겪을 수 있는 크나큰 공허감과 무력감에서 해방된다는

뜻이다. 대신에, 무한한 만족을 주는 영원한 우리의 기업이 인생의 지평선 바로 너머 하나님 안에 있음을 알고, 얼마 남지 않은 여생을 편안함만 추구하다 허비하는 대신 사랑의 희생을 실천하는 데 열정적으로 바치게 된다.

세상과 다른 레이몬드 룰의 인내

레이몬드 룰(Raymond Lull, 1235-1315)이 이 세상의 경주를 어떻게 마쳤는지 생각해 보자.

레이몬드 룰은 1235년 스페인의 마요르카 섬에서 부유한 집안에 태어났다. 젊은 시절을 방탕하게 살았으나 일련의 환상을 본 후 그리스도의 제자가 되었다. 처음에는 수도원 생활을 시작했으나 나중에 북아프리카의 무슬림 지역에 복음을 전하는 선교사가 되었다. 아랍어를 배운 후 아프리카에서 돌아와 스물아홉 살까지 아랍어 교수로 지냈다. 새뮤얼 즈웨머(Samuel Zwemer)는 룰의 말년을 다음과 같이 기술하였다.

> 제자들과 친구들은 당연히 그가 연구하고 친구를 사귀며 평화롭게 여생을 보내길 원했다.

그러나 룰은 그런 여생을 바라지 않았다. … 룰의 명상록에는 이런 구절이 있다. … "주님, 사람들이 늙으면 육체가 온기를 잃고 차가워져 죽습니다. 그러나 당신의 뜻이라면, 당신의 종은 그렇게 죽지 않기를 원합니다. 당신께서 나를 위해 기꺼이 죽으셨듯이 나도 사랑의 불꽃 가운데 죽기를 원합니다."

룰을 움츠러들게 했던 1291년의 위험과 어려움은 … 오히려 그가 1314년에 또다시 북아프리카로 향하게 했을 뿐이다. 그의 사랑은 식지 않았으며 오히려 더 뜨겁게 타올랐다. … 그는 순교자의 면류관을 간절히 원했을 뿐 아니라 (아프리카에 있는) 자신이 선교한 신자들을 다시 보고 싶었다. 이런 마음을 품고, 8월 14일에 부기아(Bugia, 알제리)로 건너갔으며, 이전에 여러 차례 방문하여 그리스도께로 인도한 소수의 회심자들 틈에서 거의 1년을 은밀하게 사역했다….

마침내, 은둔에 지치고 순교를 갈망했던 룰은 시장으로 나가 자신을 마을에서 쫓아냈던 바로 그 사람들 앞에 섰다. 그는 마치 아합의 무리 앞에 선 엘리야 같았다. 룰은 그들이 계속 범죄하면 하나님의 진노가 임하리라고 외쳤다. 그는 사랑으로 호소했으나 완전한 진리를 분명하게 전했다. 결과는 쉽게 예상할 수 있을 것이다. 사람들은 그의 담대함에 불같이 분노했으며, 그의 주장을 논박할 수 없었던 사람들은 그를 묶어 마을 밖으로 끌어냈다. 그리고 왕의 명령에 따라, 최소한 왕의 묵

인 하에, 1315년 6월 30일 돌에 맞아 죽었다.[1]

이렇게 레이몬드 룰은 80세에 북아프리카의 무슬림을 위해 생명을 바쳤다. 룰의 마지막은 많은 사람들이 꿈꾸는 마지막과는 거리가 멀었다.

그리스도를 높이는 죽음

요한복음 21장 19절에서, 예수님은 "베드로가 어떠한 죽음으로 하나님께 영광을 돌릴 것을" 말씀하셨다. 죽는 방법도 다양하다. 죽기 직전에 사는 방법도 다양하다. 그러나 그리스도인은 마지막 날의 삶과 죽음 모두 하나님을 영화롭게 해야 한다. 그 두 가지로 이 세상이 아니라 그리스도가 우리의 가장 귀한 보화라는 사실을 나타내야 한다.

그러므로 나이가 들수록 하나님께 영광을 돌려드린다는 말은 우리에게 남은 모든 힘과 시력과 청력과 기동력과 자원을 가지고 그리스도를 보화로 여기고 사람들을 섬기는 기쁨을 누리는 데, 다시 말해, 그들이 우리와 함께 영원히 그리스도를 기뻐하도록 인도하는 데 사용한다는 뜻이다. 그리스도를 보화로 여기는 마음이 넘쳐흘러 자신이 아니라 사람들을 섬길 때 그리스도께서 높아지신다.

과연 끝까지 인내할 수 있을까?

하나님께 영광을 돌려드리는 삶에 가장 큰 장애물 중 하나는 그리스도를 보화로 여기고 사람들을 사랑하는 일에 끝까지 인내하지 못하리라는 두려움이다. 디모데후서 4장 7-8절에 바울이 말한 것처럼 하지 못하리라는 두려움이다. "나는 선한 싸움을 싸우고 내 달려갈 길을 마치고 믿음을 지켰으니 이제 후로는 나를 위하여 의의 면류관이 예비되었으므로 주 곧 의로우신 재판장이 그 날에 내게 주실 것이며 내게만 아니라 주의 나타나심을 사모하는 모든 자에게도니라." 주님의 나타나심을 사모하는 자들, 다시 말해, 주님을 최고의 보화로 여기고 늘 함께하시길 원하는 자들은 최종적인 의의 상을 받을 것이다. 그러므로 그리스도를 보화로 여기는 일은 싸우고 달려갈 길을 마치고 믿음을 지키는 것에 포함되어야 한다. 믿음은 그리스도와 그분의 나타나심을 보화로 여기는 것을 포함한다. 우리가 예수님을 원하지 않으면 믿음이 없는 것이다.

그러므로 하나님의 영광을 위한 삶에 큰 장애 중 하나는 지속적으로 그리스도를 보화로 여기지 못할 것을 두려워하는 마음이다. 우리는 믿음으로 맺을 수 있는 사랑의 열매를 맺지 못할까봐 두려워한다(갈 5:6; 딤전 1:5). 열매를 맺으려고 하지 않을까봐 두려워한다. 믿음과 사랑을 끝까지 지키지 못할지도 모른다는 두려움이 하나님의 영광을 가리는 중요한 이유는 그 두려움을 극복하려는 가장 일반적인 두 가지 방법이 치명적이기 때문이다.

두려움을 극복하려는 두 가지 잘못된 방법

이러한 두려움을 극복하려 애쓰다가 결국엔 인생을 망치고 마는 두 가지 서로 대립되는 방법이 있다. 하나는 최종 구원에 믿음과 사랑의 인내가 필요하지 않다고 생각하는 것이다. 다른 하나는 인내가 필요하지만 그 필요를 채우고 하나님의 사랑을 받기 위해 자신의 노력에 의지하는 것이다. 왜 이 두 방법이 잘못되었고 치명적이며, 나이가 들수록 하나님의 영광을 위해 사는 성경적 방법은 무엇인지 살펴보자.

치명적 실수 1, "인내는 필요 없다"

믿음과 사랑의 인내가 최종 구원에 필요하지 않다고 생각하는 것은 치명적 실수다. 예수님은 마가복음 13장 13절에서 이렇게 말씀하셨다. "또 너희가 내 이름으로 말미암아 모든 사람에게 미움을 받을 것이나 **끝까지 견디는 자는 구원을 받으리라.**" 히브리서 12장 14절은 이렇게 말한다. "모든 사람과 더불어 화평함과 **거룩함을 따르라. 이것이 없이는 아무도 주를 보지 못하리라.**" 갈라디아서 6장 8절에서 바울은 이렇게 말한다. "자기의 육체를 위하여 심는 자는 육체로부터 썩어질 것을 거두고 성령을 위하여 심는 자는 성령으로부터 영생을 거두리라." 그러므로 두 수확물은 육체로부터 거두는 썩어질 것과 성령으로부터 거두는 영생이라는 사실에 주목하라. 바울은 그 다음 절에서 이렇게 말한다. "우리가 선을 행하되 낙심하지 말지니 포기하지 아니하면 때가 이르매 **영생을** 거두리라."

그러므로 영혼에 심고 인내하며 사랑의 열매를 거두는 것은 최종 구원에 반드시 필요하다. 바울은 데살로니가후서 2장 13절에서 이렇게 말한다. "하나님이 처음부터 너희를 택하사 성령의 **거룩하게 하심과** 진리를 믿음으로 구원을 받게 하심이니." "거룩하게 하심과 …으로 구원을 받게 하셨다"는 말은 거룩(성화), 곧 사랑이 구원받은 죄인이 천국으로 가는 길이라는 뜻이다. 이것이 천국으로 인도하는 유일한 길이다.

치명적 실수 2, "인내는 하나님을 우리 편으로 만든다."

그러나 인내하지 못하리라는 두려움을 극복하려는 또 하나의 잘못된 방법도 위험하기는 마찬가지다. 이 방법은 이렇게 말한다.

"그래, 믿음과 사랑의 인내는 필요해. 하나님이 100퍼센트 내 편이 되려면 마지막 날까지 기다려야 하고, 하나님의 사랑을 충분히 받으려면 내가 그만큼 노력해야 해. 하나님은 내가 오직 믿음으로 그리스도인의 삶을 시작하게 하셨지만, 인내는 다른 방식으로 이루는 거야. 하나님이 나를 계속 사랑하시느냐는 내 노력에 달렸어!"

이런 생각은 매우 잘못된 것이며 절망이나 교만으로 이어진다. 절대로 인내로 이어지지 않는다.

이런 생각이 왜 잘못인가? 다음 질문을 해보면 알 수 있다. 하나님이 언제 완전히, 돌이킬 수 없게, 99퍼센트가 아니라 100퍼센트 우리 편이 되시는가? 마지막 때, 마지막 날, 우리의 모든 삶을 보시고 자신이 우리 편이 될 가치가 있다고 판단하실 때인가? 성경은 이렇게 가르치지 않는다.

성경은 칭의(稱義)의 순간에, 우리가 그리스도를 아름다운 구주로 여기고 우리를 대신하는 형벌과 우리를 대신하는 완전으로 받아들이는 순간에 돌이킬 수 없는 100퍼센트 우리 편이 되신다고 가르친다. 하나님의 모든 진노가, 우리가 받아 마땅한 모든 형벌이 예수님에게 옮겨졌다. 완전한 의에 대한 하나님의 모든 요구가 그리스도를 통해 충족되었다. 우리가 (은혜로) 이 보화를 보고 그분을 이런 방법으로 받아들이는 순간, 그분의 죽음이 우리의 죽음으로, 그분의 형벌이 우리의 형벌로, 그분의 의가 우리의 의로 간주되며, 하나님은 돌이킬 수 없게, 그 즉시 영원히 100퍼센트 우리 편이 되신다.

"사람이 의롭다 하심을 얻는 것은 율법의 행위에 있지 않고 믿음으로 되는 줄 우리가 인정하노라"(롬 3:28). "그러므로 우리가 믿음으로 의롭다 하심을 받았으니 우리 주 예수 그리스도로 말미암아 하나님과 화평을 누리자"(롬 5:1). "그러므로 이제 그리스도 예수 안에 있는 자에게는 결코 정죄함이 없나니"(롬 8:1). 따라서 우리가 그리스도 예수 안에 있을 때, 즉 오직 믿음으로, 우리 편이신 그분을 온전히 받아들임으로써 그분과 연합할 때 하나님은 돌이킬 수 없는 100퍼센트 우리 편이다. 로마서 8장 31-35절은 이 말이 내포하는 의미를 잘 보여준다.

만일 하나님이 우리를 위하시면 누가 우리를 대적하리요 자기 아들을 아끼지 아니하시고 우리 모든 사람을 위하여 내주신 이가 어찌 그 아들과 함께 모든 것을 우리에게 주시지 아니하겠느냐 누가 능히 하나님께서 택하신 자들을 고발하리요 의롭다 하신 이는 하나님이시니 누가 정죄하리요 죽으실 뿐 아니라 다시 살아나신 이는 그리스도 예수시니 그는 하나님 우편에 계신 자요 우리를 위하여 간구하시는 자시니라 누가 우리를 그리스도의 사랑에서 끊으리요.

마지막 질문의 답은 '**아무 것도 없다**'는 것이다. 그리스도께 속한 모든 자들이 인내하리라는 뜻이다. 이들은 반드시 인내해야 하며, 인내할 것이다. 확실하다. 왜? 하나님은 **이미** 그리스도 안에서 100퍼센트 우리 편이기 때문이다. 인내 또는 견인은 하나님을 우리 편으로 만드는 수단이 아니다(견인이란 예수 그리스도를 영접함으로써 구원받은 성도가 최종적 구원에, 즉 천국에 이르도록 성령께서 지키시고 인도하신다는 뜻이다 - 옮긴이). 인내는 하나님이 이미 우리 편이라는 사실의 결과다. 그리스도인의 진정한 선행은 하나님이 이미 우리 편이라는 사실에서 나오는 열매이기 때문에 절대로 우리의 선행이 하나님을 우리 편으로 만들지 못한다.

"내가 나 된 것은 하나님의 은혜로 된 것이니 내게 주신 그의 은혜가 헛되지 아니하여 내가 모든 사도보다 더 많이 수고하였으나 **내가 한 것이 아니요** 오직 나와 함께하신 **하나님의 은혜로라**"(고전 15:10). 내 수고는 원인이 아니라 피로 산 은혜의 결과다. "항상 복종하여 두렵고 떨림으로 너희 구원을 이루라 너희 안에서 행하시는 이는 하나님이시니 자기의 기쁘신 뜻을 위하여 너희에게 소원을 두고 행하게 하시나니"(빌 2:12-13). 우리의 구원을 이루는 것은 원인이 아니라 하나님이 우리 안에서 오로지 우리를 위해 일하신 결과다. "그리스도께서 이방인들을 순종하게 하기 위하여 나를 통하여 역사하신 것 외에는 내가 감히 말하지 아니하노라"(롬 15:18). 우리가 순종을 통해 할 수 있는 일이 있다면, 그리스도께서 이미 100퍼센트 우리 편이기 때문이다.

우리가 인내를 훈련하기 위해 기울이는 모든 노력도 하나님의 일이라면, 이러한 노력은 하나님이 100퍼센트 우리 편이 되게 하지 못한다. 이러한 노력은 하나님이 이미 100퍼센트 우리 편이신 결과다. 하나님이 우리 편이신 이유는 우리가 그리스도 안에 있기 때문이다. 우리는 그리스도의 완전함이나 희생을 더 낫게 만들지 못한다. 우리가 믿음으로 그리스도 안에 있다면, 하나님은 앞으로도 또한 지금도 우리 편이다. 우리는 하나님을 우리 편으로 만들려고 인내하는 게 아니다. 하나님이 우리 편이기 때문에 인내한다.

그러므로 인내하지 못하리라는 두려움이 고개를 들 때, "위험하지 않아! 우리는 인내할 필요가 없어!"라는 말로 두려움을 이기려하지 말라. 우리는 인내해야 한다. 선한 싸움을 싸우지 않으며, 달려갈 길을 마치지 않으며, 믿음을 지키지 않으며, 그리스도의 나타나심을 소중히 여기지 않는 사람들에게는 마지막에 구원이 없다.

인내하지 못하리라는 두려움을 경건의 노력을 통해 하나님의 사랑을 획득하려고 애씀으로써 극복하려 하지 말라. 하나님의 사랑은 오직 은혜로, 오직 그리스도를 기초로, 오직 그리스도와의 연합 가운데, 오직 믿음으로, 오직 하나님의 영광을 위해 온다. 우리가 그리스도 안에 있으면, 그리스도의 공로 때문에, 하나님은 완전히, 되돌릴 수 없게

100퍼센트 우리 편이다. 그리고 우리는 노력을 통해서가 아니라 그리스도를 우리의 희생과 완전과 보화로 받아들임으로써 그리스도 안에 거한다.

모든 두려움을 극복하라

그렇다면 인내하지 못하리라는 두려움을 극복하는 올바른 방법은 무엇인가? 비결은 끊임없이 그리스도를 우리의 가장 귀한 보화로 삼는 것이다. 이것은 대체로 우리가 **행하려는** 싸움이 아니라 **기뻐하려는** 싸움이다. 우리는 끊임없이 자신에게서 눈을 돌려 그리스도를 바라보면서 그분이 피로 터 놓으신 교제와 그분의 도움을 구한다. 이것은 우리가 지속적으로 믿는다는 뜻이다. 우리는 매일 그리스도를 바라보고 그리스도를 귀하게 여기며 그리스도를 받아들임으로써 믿음의 싸움을 계속한다.

스펄전은 하나님의 약속으로 나이 드는 두려움을 쫓아버린다고 했다. "너희 안에서 착한 일을 시작하신 이가 그리스도 예수의 날까지 이루실 줄을 우리는 확신하노라"(빌 1:6). "주께서 너희를 우리 주 예수 그리스도의 날에 책망할 것이 없는 자로 끝까지 견고하게 하시리라 너희를 불러 그의 아들 예수 그리스도 우리 주와 더불어 교제하게 하시는 하나님은 미쁘시도다"(고전 1:8-9). "능히 너희를 보호하사 거침이 없게 하시고 너희로 그 영광 앞에 흠이 없이 기쁨으로 서게 하실 이…"(유 24절). "또 미리 정하신 그들을 또한 부르시고 부르신 그들을 또한 의롭다 하시고 의롭다 하신 그들을 또한 영화롭게 하셨느니라"(롬 8:30). 칭의와 영화(榮化) 사이에서 방황하는 사람은 하나도 없다. 의롭다함을 받은 사람은 모두 영화롭게 된다. 이 모든 말씀의 핵심은 모든 두려움을 버리라는 것이다. 하나님이 우리를 위하시면 그 누구도 우리를 대적하지 못한다(롬 8:31).

하나님께 영광 돌리는 삶의 비결

그러므로 인내는 최종 구원에 필요하며, 그리스도 안에 있는 모든 사람에게 보증되었다. 우리가 사랑으로 행한 일들로 하나님의 사랑을 획득하지는 않는다. 그러한 것들이 하나님의 사랑에서 나오는 결과다. 그리스도께서 하나님의 사랑을 획득하셨다. 우리는 오직 믿음으로 그분을 받아들인다. 그리고 사랑은 이러한 믿음이 넘친다는 증거다.

이것이 하나님의 영광을 위해 살아가는 비결이다. 인생 말년에 하나님을 영화롭게 나타내려면, 그리스도 안에서 만족해야 한다. 그리스도는 우리의 보화다. 우리의 삶은 모든 만족을 주시는 그리스도에게서 흘러나야 한다. 그리고 예수님 안에 사는 영혼에게서 흘러나는 삶은 사랑과 섬김의 삶이다. 이런 삶이 그리스도를 높인다. 우리의 마음이 그리스도 안에서 안식할 때, 우리는 자신의 필요를 채우려고 다른 사람들을 이용하는 짓을 그만두며, 대신에 그들의 필요를 채우기 위해 스스로 종이 된다. 이것은 거듭나지 않은 사람의 마음과 너무나 대조되며, 본받을 만한 훌륭한 데가 있거나 십자가에 못 박도록 유죄를 선언할 만한 것으로 드러난다.

서머나의 감독 폴리갑의 이야기는 우리가 하나님의 영광을 위해 살아간다는 게 무슨 뜻인지 분명히 보여준다.

두려움을 이긴 폴리갑의 인내

폴리갑은 소아시아 서머나의 감독이었으며, AD 70-155년경의 인물이다. 그는 순교자로 유명한데, 그가 순교한 이야기는 『폴리갑의 순교』(The Martyrdom of Polycarp)라는 책으로 기록되었다.[2]

그리스도인들과 황제를 숭배하는 자들 사이에 긴장이 고조되었다.

그리스도인들은 로마의 신들을 섬기려고 하지 않았으며 자신만의 신상이나 신당도 없었기 때문에 무신론자라 불렸다. 어느 순간, 폭도들이 외쳤다. "무신론자들을 처단하라. 폴리갑을 찾아라."

성 밖 오두막에서 기도 중이던 폴리갑은 도망치지 않았다. 그는 베개가 불타는 환상을 보고 동료에게 말했다. "내가 산 채로 번제로 드려져야 할 거 같네." 당국자들이 폴리갑을 찾아다녔고, 결국 하인이 고문을 못 이기고 그를 배신했다. 폴리갑은 다락방에서 내려와 자신을 잡으러 온 사람들 앞에 섰다. "거기 있는 모든 사람들이 폴리갑의 나이와 강인함에, 자신들이 이렇게 늙은 사람을 체포하느라고 그 야단을 떤 것에 놀랐다." 폴리갑은 자신을 체포하기 전에 기도할 시간을 달라고 했다. 그를 잡으러 온 사람들이 허락하자, 폴리갑은 "하나님의 은혜가 얼마나 충만했든지 두 시간 동안 가만히 있질 못했다."

성내에서, 치안 책임자가 폴리갑을 마차에 태운 후 그리스도를 부인하라며 그를 설득했다. "가이사가 주님이시라고 말하고 향을 피워 목숨을 구하는 게 무슨 해가 되겠소?" 그러나 폴리갑은 이렇게 대답했다. "당신의 충고를 따르고 싶지 않소." 화가 난 그는 폴리갑을 소란과 흥분으로 가득한 원형 경기장으로 끌고 갔다.

이번에는 총독이 자신을 구하려고 폴리갑을 설득했다. "그대의 나이를 생각하라! 가이사의 이름으로 맹세하라. 돌이켜라. 무신론자들을(다시 말해, 그리스도인들을) 처단하라고 말하라!" 폴리갑은 원형 경기장에 모인 무법한 이교도 폭도를 향해 손을 흔들고 하늘을 바라보며 신음하 듯 말했다. "무신론자들을 처단하소서." 총독이 다시 말했다. "맹세하 라. 그러면 그대를 석방하겠다. 그리스도를 저주하라." 이 말에 폴리 갑은 그 유명한 대답을 했다. "지난 86년간 내가 그분을 섬기는 동안 그분은 한 번도 나를 배신하신 적이 없는데 어떻게 나를 구원하신 내 왕을 모독할 수 있겠습니까?"

총독이 다시 말했다. "가이사의 이름으로 맹세하라." 폴리갑이 대답했다. "총독께서 제가 총독의 말씀대로 가이사의 이름으로 맹세하고 제 자신이 누구인지 모른 체 할 거라고 생각하신다면 제 말을 똑똑히 들으십시오. 저는 그리스도인입니다." 총독이 대답했다. "맹수들을 대기시켜 놓았다. 그대가 돌이키지 않는다면 맹수들에게 던지겠노라." 폴리갑이 대답했다. "맹수들을 불러 오십시오. 우리에게 더 좋은 것을 버리고 더 나쁜 것을 선택하는 돌이킴이란 있을 수는 없습니다. 그러나 잔혹함을 버리고 의를 선택하는 변화는 고귀한 것입니다."

총독이 말했다. "그대가 맹수들을 얕보니, 돌이키지 않으면 화형에 처하겠노라." 폴리갑이 대답했다. "총독께서 한 시간쯤 타다가 꺼져버 릴 불로 위협하시다니 장차 임할 심판의 불을, 경건하지 못한 자들을 위해 준비된 영원한 형벌의 벌을 모르시는군요. 왜 지체하십니까? 총독께서 원하시는 대로 하십시오."

총독은 선포자를 통해 군중들에게 세 차례 큰 소리로 선포했다. "폴리갑은 자신이 그리스도인이라고 시인했다." 군중은 준비된 맹수가 없다는 사실을 알자 폴리갑을 화형에 처하라고 외쳤다. 군중이 장작을 준비하고 폴리갑의 두 손을 기둥에 못 박으려 할 때 폴리갑이 말했다. "그냥 두시오. 내게 불을 견딜 힘을 주실 분께서 당신들이 못을 박지 않아도 장작더미 속에서 움직이지 않을 힘도 주실 것이오." 불은 그를 태우지 못했다. 그러자 집행자가 그를 칼로 찔렀다. "그리고 모든 사람들이 불신자들과 택함을 받은 자의 큰 차이에 놀랐다."

그리스도를 위해 기꺼이 목숨을 바칠 만큼 그리스도 안에서 만족한다면, 그전과는 달리 잃어버린 영혼들을 사랑할 수 있는 자유함을 얻고, 그리스도는 우리의 귀한 보화가 될 것이다.

세상의 사고방식에서 벗어나라

나는 예순 두 살이다. 베이비붐 세대 가운데 가장 나이가 많다(1946년 1월 11일에 태어났다). 내 뒤로 44-62세에 해당하는 7800만 명의 베이비붐 세대가 태어났다. 매일 만 명이 60세가 된다. 당신이 이런 조사를 본적이 있는지 모르겠지만, 우리는 자기중심적 세대다.

> 좋아하는 것: 재택근무, 노화 방지제, 실내 온도조절기
>
> 싫어하는 것: 주름살, 신세대의 수면 습관, 사회 보장 제도, 불안
>
> 취미: 격하지 않은 운동, 과잉양육, 맛집 찾아다니기
>
> 아지트: 쇼핑몰, 외식, 뒤뜰[3)]

우리 같은 세대가 하나님의 영광을 위해 늙어간다는 건 무슨 뜻일까? 신앙이 없는 또래들의 사고방식에서 철저히 벗어난다는 뜻이다. 특히, 전형적인 은퇴 드림에서 벗어난다는 뜻이다. 미국 월드미션 센터(US Center for World Mission)를 설립한 랄프 윈터(Ralph Winter)는 지금도 선교를 통해 그리스도를 전하려고 세계를 누비며 강연을 하고 글을 쓴다. 그는 25년 전, 60세 무렵에 "은퇴의 함정"(Retirement Booby Trap)이라는 제목의 글에서 이렇게 말했다.

> 대부분의 사람들은 늙어서 죽은 게 아니라 은퇴 때문에 죽는다. 뉴욕 주에서 은퇴한 남성의 절반이 2년 이내에 죽는다는 글을 읽은 적이 있다. 당신의 생명을 구하라. 그러지 않으면 잃을 것이다. 다른 약물과 다른 심리적 중독처럼, 은퇴는 축복이 아니라 악성 질병이다…

성경 어디에 은퇴한 사람이 있는가? 모세가 은퇴했는가? 바울이 은퇴했는가? 베드로가 은퇴했는가? 요한이 은퇴했는가? 장교들이 전쟁 중에 은퇴하는가?[4)]

끝까지 충성한 찰스 시므온의 인내

나는 60세에 전립선암 수술을 받을 때, 찰스 시므온(Charles Simeon)의 체험을 떠올리며, 그가 받은 은혜가 나에게도 임하기를 기도했다.

시므온은 2백 년 전에 캠브리지의 트리니티 교회(Trinity Church) 목사였다. 그는 자신의 "은퇴"를 보시는 하나님의 태도에 대해 아주 고통스러운 교훈을 얻었다. 1807년, 트리니티 교회에서 25년을 목회하고 마흔 일곱 살이 되었을 때 시므온의 건강이 아주 나빠졌다. 몸이 매우 쇠약해져 오랫동안 목회를 중단해야 했다. 핸들리 모울(Handley Moule)이 시므온의 삶에 하나님이 행하신 놀라운 일을 들려주었다.

13년간 시므온의 건강은 여러 군데 계속 좋지 않았고, 마침내 예순 살이 되었다. 병의 원인도 모른 채 시간은 순식간에 지나갔다. 1819년 시므온은 마지막으로 스코틀랜드로 향했다. 그런데 너무나 놀랍게도, 국경을 막 넘는 순간, "여인이 주님의 옷자락을 만진 후에 자신이 나은 것을 느꼈듯이 새로운 힘이 솟는 게 느껴졌다."

시므온은 건강이 나빠지기 전에 60세까지 매우 활동적으로 살고 그 후에는 안식일 저녁(은퇴)을 맞겠다고 스스로 약속했었다. 그런데 이제 주님의 음성이 들리는 것 같았다. "네가 수고를 그치고 쉬겠다는 생각을 했기 때문에 네 몸을 아프게 했다. 그러나 이제 네가 스스로 약속한 시간이 되었으나 쉬는 대신에 네 여생을 나를 위해 힘을 다하겠다고 결심했으니 네게 두 배, 세 배, 네 배의 힘을 주어 더 큰 일을 하게 하겠다." 5)

휴식, 놀이, 여행 등의 "안식일 저녁"에 시선을 집중하는 그리스도인들이 정말로 많다. 그러한 것들은 무덤 너머에 천국에 있음을 믿지 않는 사람들이 천국을 대신하려는 세상에 속한 것들이다. 우리 또래는 오랜 수고의 보상을 이 세상에서 반드시 받아야 한다고 생각한다. 죽음 이후의 영원한 안식과 기쁨은 생각하지도 않는다. 천국이 도래히리리 믿지 않으며 지금 그리스도의 영광에 만족하지 않으면, 세상이 추구하는 은퇴를 좇게 된다. 그러나 그리스도인이 이런 상을 바라다니 정말로 기이한 일 아닌가! 수많은 사람들이 그리스도가 필요한 마지막 때를 살면서 20년의 여가생활을 바란다니 너무 이상하지 않은

가! 마지막 순간을 전혀 다르게 마치신 왕 앞에 서기 전 마지막 순간을 이렇게 끝맺는다는 것은 크나큰 비극이다!

생을 허비하지 않은 오스왈드 샌더스의 인내

트리니티 신학교(Trinity Evangelical Divinity School) 채플 시간에, 여든 아홉의 오스왈드 샌더스(J. Oswald Sanders)은 자신이 일흔 살 때부터 매년 책을 한 권씩 썼다고 말했다. 그의 말을 듣는 순간, 내 속의 모든 것이 이렇게 말했다. "오, 하나님, 내 말년을 허비하지 않게 하소서! 내가 세상적 은퇴 드림을 사지 않게 하소서. 한 달 한 달을 여가와 놀이와 취미 생활로 보내며, 차고를 어슬렁거리고, 가구를 옮기며, 골프에 낚시나 즐기며, 소파에 앉아 텔레비전이나 보며 지내지 않게 하소서. 주님, 내게 자비를 베푸시어 이런 저주에 빠지지 않게 하소서."

열정: 하나님의 위대하심을 후대에 전하리라

이것이 당신을 위한 내 기도이기도 하다. 열정과 약속으로 결론을 맺겠다. 열정이란 시편 71편 18절, 곧 하나님의 위대하심을 다음 세대에게 알리겠다는 열정이다. "하나님이여 내가 늙어 백발이 될 때에도 나를 버리지 마시며 내가 주의 힘을 후대에 전하고 주의 능력을 장래의 모든 사람에게 전하기까지 나를 버리지 마소서." 하나님, 우리가 말년에 하나님을 실제 만큼 크게 보이게 하는 데, 하나님의 영광을 위해 늙어가는 데 전념하도록 열정을 주소서!

약속: 그리스도께서 의로우시며 하나님이 공의로우시므로 우리는 안전하다

약속은 이사야 46장 3-4절에 나온다.

배에서 태어남으로부터 내게 안겼고 태에서 남으로부터 내게 업힌 너희여 너희가 노년에 이르기까지 내가 그리하겠고 백발이 되기까지 내가 너희를 품을 것이라 내가 지었은즉 내가 업을 것이요 내가 품고 구하여 내리라.

그리스도인이여, 두려워 말라. 그대는 인내하리라. 그대는 집으로 돌아가리라. 그날이 그대의 생각보다 빨리 오리라. 그대를 사랑하고 30대에 그대를 위해 죽으신 분을 위해 위험하게 살아라. 그대의 삶을

세상적인 은퇴 드림에 허비하지 말라. 그리스도께서 의로우시며 하나님이 공의로우신 만큼 그대는 안전하다. 희생적 사랑 가운데 그리스도를 높이는 기쁨에 찬 슬픔보다 못한 그 무엇에도 안주하지 말라. 그러면 마지막 날에, 그대는 굳게 서며 이런 말을 들으리라.

착하고 충성된 종아 ⋯ 네 주인의 즐거움에 참여할지어다(마 25:21, 31).

The Interview with Authors

대담

6장 | 영적 거장들이 들려주는 믿음의 통찰력

1_ 존 파이퍼와 저자들의 대담
: 희망의 날을 기다리는 이들에게

2_ 존 파이퍼와 존 맥아더의 대담
: 믿음의 가문을 이어가는 이들에게

2007년 9월 28~29일 존 파이퍼가 주최한 여호와를 기뻐하라 협회(Desiring God) 컨퍼런스 기간에 두 번의 대담이 이루어졌다. 이 책은 그 대담을 근간으로 이루어졌다. 첫번째는 존 맥아더를 제외한 이 책의 모든 저자들과의 대담이었고, 두번째는 존 파이퍼와 존 맥아더와의 대담이었다. 이 대담을 선해, 인내를 구하며 우리에게 인내를 가르치는 이들의 개인적인 통찰력을 엿볼 수 있다.

대담1

랜디 알콘, 제리 브리지스, 존 파이퍼, 헬렌 로저비어

진행: 저스틴 테일러

"희망의 날을 기다리는 이들에게"

저스틴 테일러: 브리지스 박사님, 박사님은 복음이 신자들의 일상생활을 위한 것이라는 말씀을 많이 하셨고 이런 내용으로 글도 많이 쓰셨습니다.[1] 복음은 불신자만이 아니라 그리스도인의 삶을 사는 우리를 위한 것이기도 하다는 뜻으로 이해됩니다. 그런데 박사님은 처음부터 이렇게 믿지는 않았다고 하셨습니다. 한때는 복음이 불신자만을 위한 것이며, 그리스도인의 삶을 시작하려는 사람들에게 필요한 것이라고 생각했다 하셨습니다. 언제 어떻게 복음이 신자들을 위한 것이기도 하다는 생각을 하게 되셨는지요?

제리 브리지스: 복음이 신자들을 위한 것이기도 하다는 생각을 처음 갖게 된 것은 1960년대 초 네덜란드에서 네비게이토 사역

을 하면서 몇 가지 어려움을 겪을 때였습니다. 사탄이 저를 심하게 공격했고, 저는 깊은 절망감에 빠진 제 자신에게 이사야 53장 6절과 같은 구절을 이용해 복음을 전하기 시작했습니다. "우리는 다 양 같아서 그릇 행하여 각기 제 길로 갔거늘 여호와께서는 우리 모두의 죄악을 그에게 담당시키셨도다." 저는 오래된 찬양도 불렀는데, 그 가운데 이런 찬양도 있었습니다. "큰 죄에 빠진 날 위해 주 보혈 흘려주시고 또 나를 오라하시니 주께로 거져 갑니다."[2] 이게 제가 한 일입니다. 그러나 불행히도, 저는 합당한 결론에 다다르지 못했습니다. 이것이 단지 저를 위한 것이라고 생각했다는 뜻입니다. 복음이 단지 불신자가 아니라 제 자신을 위한 것이기도 하다는 사실을 깨닫는 중요한 패러다임의 전환이 제 삶에서 일어났다는 사실은 여러 해 후에야 알았습니다. 그때서야 이것을 나누고 가르치기 시작했습니다.

저스틴 테일러: 청교도는 언제 발견하셨나요? 청교도의 글이 박사님의 삶에서 어떤 의미였는지 조금 말씀해 주시겠습니까? 그리고 청교도의 글을 읽는 사람들이 많은데, 어떤 책부터 읽으면 좋을지 추천해 주시겠습니까?

제리 브리지스: 제가 청교도를 발견한 것도 1960년대였습니다. 캘리포니아주 샌디에고에 나이든 부인이 계셨는데, 제가 1950

년대에 몸담고 있던 네비게이토의 고문이셨고 저희 사역에 아주 관심이 많았습니다. 그분이 제게 청교도 서적을 보내주셨습니다. 가장 먼저 받은 책은 존 오웬(John Owen)의 『죄와 유혹』(Sin and Temptation, 은성)이었습니다. 저는 그 책으로 엄청난 도움을 받았습니다. 그 다음으로 스테판 차녹(Stephen Charnock)의 『하나님의 존재와 속성』(The Existence and Attributes of God)이라는 아주 두꺼운 책이었습니다. 거룩이라는 주제에 관심이 있었기에, 목차를 보고 곧바로 하나님의 거룩을 다룬 장(章)으로 넘어갔습니다. 그 장 하나만 해도 100페이지 정도였습니다. 하나님의 거룩을 정말이지 하나도 남김없이 완벽히 다룬 책이었습니다. 하나님의 거룩에 관한 장을 읽다가 몇 십 페이지도 채 못 나가 하나님의 거룩에 압도되어 그분 앞에 무릎을 꿇었습니다. 그리고 일어나 다시 읽기 시작했으나 이번에도 몇 페이지를 못 나가 다시 무릎을 꿇었습니다. 그러니까 저는 이 두 책으로 시작했습니다.

저스틴 테일러: 청교도 가운데 특별히 추천하고 싶은 분이 있을 것 같은데요. 청교도의 글을 읽으려는 사람이 있다면 차녹과 오웬을 추천하시겠습니까?

제리 브리지스: 그렇습니다. 오웬에서 시작하면 한 가지 좋은 점이 있습니다. 그의 책 가운데 상당수가 현대 영어로 수정 출판

되었습니다. 편집장님도 『죄와 유혹』을 원문에 충실하면서도 현대 독자들이 쉽게 읽을 수 있게 편집해서 내놓지 않았습니까?³⁾ 편집장님이 최근에 오웬의 『삼위일체 하나님과의 교제』(Communion with the Triune God)도 내셨지요?⁴⁾ 이 두 권을 적극 추천합니다. 차녹에 대해서는 배너 오브 트루스(Banner of Truth) 출판사에서 낸 책을 보면 될 겁니다. 이 출판사에서 내놓은 청교도 관련 책은 하나같이 훌륭하고 믿어도 좋습니다.

저스틴 테일러: 랜디 목사님, 이번에는 책에 얽힌 목사님의 이야기를 듣고 싶습니다. 목사님은 여행 중에도 늘 자신이 쓴 책을 갖고 다니며 나눠주신다고 들었습니다. 주님은 이러한 작은 성실함을 정말 놀랍게 사용하십니다. 여기에 얽힌 이야기를 한두 가지 들려주시겠습니까?

랜디 알콘: 저는 오래 전부터 하나님의 섭리를 아주 강하게 확신했습니다. 그래서 여행을 떠나기 전에 "비행기를 탈 때 하나님이 원하는 사람을 옆에 앉혀 주세요!"라고 기도합니다. 저는 공항에서 사람들을 만납니다. 택시 기사들을 만납니다. 만나는 사람들에게 복음을 전하고 책을 건넵니다. 내개는 제가 쓴 작은 책을, 주로 복음을 담은 책을 건네지요.

제가 이곳 미니에폴리스 공항에 도착했을 때 어떤 아주머니가 제게 수화물에 대해 물었습니다. 그분은 나이가 꽤 들었는데, 짐이 도착하지 않아 조금 초조해했습니다. 그래서 아내에게 말했습니다. "여보, 저분에게 책을 한 권 드려야할 거 같아요." 저는 『아버지의 집으로』(50 Days of Heaven, 토기장이)5)를 한 권 들고 그분에게로 갔습니다. 제가 걸어가고 있을 때, 그분이 반대쪽으로 걸어가다가 넘어졌습니다. 저를 비롯해 여러 사람들이 달려와 함께 그분을 휠체어에 앉혔고, 저는 그분과 이야기를 나누면서 괜찮은지 확인했습니다. 그분은 자신이 조금 전에 수화물 때문에 저와 이야기를 나누었다는 것을 알았습니다. 그래서 그분에게 말했습니다. "아주머니, 제가 아주머니께 다시 온 것은 작가이기 때문입니다. 아주머니께 제가 쓴 책을 한 권 드리고 싶은데, 가방에 넣어드릴까요?" 그분의 남편도 함께 있었습니다. 그분은 "아뇨, 제게 직접 주세요!"라고 했습니다. 그리고 책을 건네받은 즉시 읽기 시작했고, 남편이 미는 휠체어를 타고 공항을 빠져나갔습니다. 저는 그때 생각했습니다. "저분은 걷는 게 힘들어져 휠체어를 타고 공항을 나가야 했고, 그래서 책을 읽을 기회가 생겼어! 하지만 다시 생각해 보면, 자신의 유한성을 깨닫게 될 스릴넘치는 체험을 한 거야!" 저는 하나님이 이렇게 일하시는 모습을 보고 또 봅니다.

언젠가 시카고 공항을 걷는데 앉아서 뭔가를 읽고 있는 소녀가 눈에 띄었습니다. 소녀는 성경을 읽고 있었고, 제 가방에는 책이 한 권밖에 없었습니다. 저는 언제나 "주님, 꼭 필요한 사람에게 꼭 필요한 책을 주도록 도와주세요!"라고 기도합니다. 그때 제 가방에 있던 책은 『천국의 사람 리쿠안』(Safely Home, 규장)[6]이라는 소설이었습니다. 상당히 두꺼운 책이어서 잘 가지고 다니지 않는 책이었습니다. 보통은 얇은 책을 가지고 다니거든요. 그러나 주님이 이 책을 그 소녀에게 주길 원하신다는 느낌이 들었습니다. 그래서 소녀에게 다가가 말했습니다. "안녕하세요! 저를 모를 거예요. 제가 쓴 『천국의 사람 리쿠안』이라는 책인데, 읽어보세요." 나는 책을 소녀에게 건넸습니다. 그때 저는 비행기 시간이 촉박했습니다. 소녀는 "감사합니다!"라고 했습니다. 그게 전부였습니다.

그런데 5-6년 후(지금부터 1년쯤 전), 그 소녀에게서 이메일이 왔습니다. 중국에서 보냈는데 이런 내용이었습니다. "시카고 오헤어 공항에서 목사님을 만난 적이 있는데, 그래도 목사님은 저를 기억하지 못하실 겁니다. 그때 목사님이 제게 『천국의 사람 리쿠안』이라는 책을 건네주셨는데…." 저는 곧바로 기억났습니다. 뒤이어 이렇게 적혀 있었습니다. "목사님이 주신 책을 읽었는데, 하나님이 저를 그리스도께 더 깊이 헌신하도록 인도하셨습니다. 하나님이 표준 중국어를 공부하게 하셨고, 목사님의 책을 읽은 결과 지금은 중국에 선교사로 와 있습니다."

이런 이야기를 들을 때면 주님께 이렇게 말합니다. "주님, 저는 아무것도 한 일이 없는데 주님은 참으로 은혜로우십니다. 저는 고작 책 한 권을 건넸을 뿐입니다."

이제 마지막 이야기를 하겠습니다. 비행기를 타고 집으로 돌아오는 길이었습니다. (비행기에서 일어난 일은 아니지만 생각나서 말씀드립니다.) 오리건 대학으로 가는 청년이 있었는데, 페르시아의 후예였습니다. 그 친구와 이야기를 한참 나누었는데, 이번에는 평소에 가지고 다니지 않는 『데드라인』(Deadline)[7]이라는 소설이 제 가방에 있었습니다. 우리는 주님에 관해 좋은 대화를 나누었지만 복음을 완전히 제시하는 단계에까지는 이르지 못했습니다. 그래서 그 친구에게 말했습니다. "내가 쓴 책일세. 영적인 부분을 다루는데, 일종의 미스터리 살인사건 추리 소설 같은 걸세. 읽어 보면 재미있을 거네." 그게 전부였습니다. 저는 이후 몇 주 정도 그 친구를 위해 기도했지만 그 후로 그 친구는 제 기도 목록에서 빠졌고 저도 그 친구를 잊었습니다.

그런데 제가 몇 년 전에 오리건 주의 고향 교회에서 설교를 했는데, 설교가 끝난 후, 한 아가씨가 저를 찾아오더니 "랜디 목사님이시죠?"라고 물었습니다. 그렇다고 했더니, 그 아가씨가 이렇게 말했습니다. "목사님께 들려주고 싶은 이야기가 있습니다. 목사님이 전혀 모르고 계시는 이야기일 겁니다. 그 친구는 목사님에게 이야기를 하지도 않았고 목사님께 연락도 하지 않았다고 했거든요. 목사님, 혹시 비행기에서 소설책을 건넨 페르시아 청년을 기억하세요?" "그럼요. 기억하고말고요." "그 친구가 오리건 대학에 도착하고 보니, 하루 일찍 도착한 겁니다. 자기 방으로 갔지만 아무도 없었습니다. 기숙사 전체에 자기 말고는 아무도 없었죠. 완전히 혼자였고, 완전히 심심했습니다. 그래서 목사님께 받은 책을 펼치고 밤을 새워 읽었습니다. 한 밤 중에, 책 속의 인물 제이크 우즈가 『순전한 기독교』(Mere Christianity)를 읽다가 무릎을 꿇고 죄를 고백하며 자기 삶을 그리스도께 드리는 부분에서, 이 친구도 무릎을 꿇고 죄를 고백하며 자기 삶을 그리스도께 드렸습니다." 저는 이야기를 들으면서 정말 놀랍다고 생각했습니다. 그 아가씨는 이어서 이렇게 말했습니다. "그 친구는 제가 만난 가장 경건한 사람입니다." 바꾸어 말하면, 단순히 회심의 이야기가 아니었습니다. 성령의 열매가 그 청년의 삶에서 맺힌 겁니다. 그 친구를 다시 만나지는 못했습니다. 천국에 가서야 다시 만나겠지요.

하나님은 놀라운 은혜로 이런 일을 하십니다. 천국에서 하나님을 만나면 이런 일을 끝도 없이 듣겠지요. 얼마나 멋질까요?

저스틴 테일러: 로저비어 선교사님, 선교사님의 삶에 영향을 미쳤거나 사람들에게 특별히 추천하고 싶은 선교사님의 전기가 있나요?

헬렌 로저비어: 이사벨 쿤(Isabel Kuhn)을 추천합니다. 제목은 기억나지 않지만 정말로 놀라운 책입니다. 이사벨 쿤에 관한 책이라면 어느 것이라도 좋습니다. 저는 여러분보다 조금 오래된 세대기는

하지만, 허드슨 테일러(Hudson Tayor)의 전기(가능하다면 허드슨 테일러에 관한 2권짜리 전기 원본)를 추천합니다. 그리고 에이미 카마이클(Amy Carmichael, 1867-1951, 북아일랜드 출신으로 인도에서 55년간 사역한 여자 선교사 - 옮긴이)의 전기와 도나버(Dohnavur)에서 출판한 모든 전기를 추천합니다.

저스틴 테일러: 독신생활과 독신 여성에 관해 묻고 싶습니다. 독신으로 살면서 힘들어하는 여성이 많다고 들었습니다. 어떻게 하면 오래 독신으로 지내면서 믿음을 지킬 수 있는지 조언해 주시겠습니까?

헬렌 로저비어: 독신으로 계신 분들은 제 말을 좋아하지 않을 겁니다. 독신은 **특권**입니다. 하나님은 제게 너무나 선하셨습니다. 제게 남편이 있었으면 싶을 때도 한두 번 있었습니다. 그렇다고 제가 실제로 남편을 원했다는 뜻은 아닙니다. 말하자면, 의자 다리가 부러지면 고쳐줄 남자가 필요했던 거지요. 아주 솔직히 말씀드리면, 예수님이 저의 전부이셨고, 언제나 제게 만족을 주셨습니다. 독신은 **특권**입니다. 저는 독신 선교사이기 때문에, 결혼해서 가정을 꾸리고 가정을 위해 할 일이 있었다면 틀림없이 못했을 일을 할 수 있었거든요. 저는 자유로웠습니다. 아프리카에서 누구의 집이든 들어갈 수 있었습니다. 먼저 이런 생각을 할 필요가 없었습니다. "혹시 이 집에 나환자가 있지는 않을까? 내 가족에게 병을 옮기지는 않을까?" 저는 과감히 들어갈 수 있었습

니다. 시계를 보면서 집에 돌아가 아이들에게 저녁을 해줄 시간이 됐는지 확인할 필요도 없었습니다. 저는 자유로웠고, 하나님은 이런 저를 크게 축복하셨습니다. 하나님은 제게 피를 나눈 자매보다 가까운 아프리카 자매들을 보내주셨습니다. 제가 결혼했다면 생각지도 못했을 깊은 교제를 이 자매들과 나누었습니다. 독신은 특권입니다.

예수님에게서 잠시도 눈을 떼지 마십시오. 하나님은 여러분에게 차선(次善)을 허락하신 게 아닙니다. 그 누구도 여러분에게 이렇게 말하지 못하게 하고, 생각도 못하게 하십시오. 하나님은 여러분에게 최선을 **약속하셨습니다.**

저스틴 테일러: 지금까지 우리는 끝까지 견디는 일을 다루었습니다. 그러나 제가 알기로, 사랑하는 사람들의 죽음은 우리의 믿음에 큰 도전이 됩니다. 사람들은 이렇게 말합니다. "제가 아이를 잃으면, 배우자를 잃으면, 어머니를 잃으면, 어떻게 해야 할지 모르겠어요." 여러분은 이런 상황에서 어떤 조언을 하시겠습니까? 파이퍼 목사님과 브리지스 박사님, 두 분은 너무나 사랑하는 사람들의 죽음을 경험한 적이 있다고 하셨습니다. 두 분은 그 상황을 어떻게 이겨내고 믿음을 지키셨나요? 믿음을 위협하는 슬픔에 잠긴 사람들에게 어떤 조언을 주시겠습니까?

제리 브리지스: 물론, 저는 목사가 아니라 가르치는 사람입니다. 한 번도 목회를 해 본 적이 없어서 그런 상황을 별로 겪지 않습니다. 그러나 제가 했던 얘기로 돌아가 보겠습니다. 우리는 하나님의 약속을 붙잡아야 합니다. 하나님은 우리를 절대로 떠나거나 버리지 않겠으며(히 13:5) 그 무엇도 우리를 그분의 사랑에서 끊지 못하리라고 하셨습니다(롬 8:35-39). 그뿐 아니라 고린도후서 12장 9절에서는 "내 은혜가 네게 족하도다 이는 내 능력이 약한 데서 온전하여짐이라"고 하셨습니다. 올해 1월 1일에 아내를 잃은 친구가 있습니다. 저는 이런 구절과 더불어 하나님이 모든 것이 합력하여 선을 이루게 하신다는 사실을 그 친구에게 계속 상기시켰습니다.

존 파이퍼: 제가 듣기에는 편집장님의 질문이 하나 같기도 하고 둘 같기도 합니다. 그래서 둘로 보고 답하겠습니다. 첫째 질문은, 당신이라면 "제 아이가 죽으면 어떻게 해야 할지 모르겠어요!"라고 말하는 사람에게 어떻게 조언하겠습니까? 그러니까 아직 아이가 살아 있는 경우입니다. 반면에 아이가 이미 죽은 경우가 있습니다. 첫째 경우라면, 아직 시간이 있으므로, 목사로서 하나님의 시각과 주권과 선하심을 그들의 삶에 심어 그들이 준비하도록 도울 겁니다. 저는 교인들이 고난을 준비하도록 설교하고 가르치는 게 베들레헴 교회를 위해 제게 맡겨진 주요 임무라고 생각합니다. 가장 힘든 고난은 자신의 건강

이든 다른 사람의 생명이든 소중한 뭔가를 잃는 것입니다. 누군가 다음과 같이 말한다면, 그의 삶에 복음이 심어졌다는 신호입니다. "제가 어떻게 해야 할지 알아요. 제 자신을 하나님께 맡기겠어요. 그게 제가 해야 할 일인 걸요. 눈물을 닦고, 제 자신을 하나님께 맡기겠어요. 그분만으로 만족하겠어요." 즉흥적으로 나온 말이겠지만 대개는 신호입니다.

그러나 이미 아이가 죽었다면, 우리가 부딪히는 질문은 다릅니다. 부모는 신학적으로, 영적으로 어떤 위치에 있는가? 하나님에게 화가 났는가? 절망에 빠졌는가? 아니면 마치 돌 같은가? 이런 경우, 우리는 말을 해야 할 적절한 시기와 내용을 지혜롭게 선택해야 합니다. 그러나 무엇보다 두 팔로 그들을 안고 상처가 치유되고 안정될 때까지 붙잡아 줘야 합니다. 그들을 오래 붙잡아 주십시오. 굳이 말을 하지 않아도 됩니다. 꼭 필요한 말은 그 다음에 하십시오. 목사로서, 저는 준비된 메시지가 없습니다. 저는 "아기가 죽었을 때," "아내가 죽었을 때"를 대비한 메시지를 따로 준비해 두지 않습니다.

저희 교회 한 성도가 겨우 26살인 아내를 잃고 다섯 주 쯤 지났을 때였습니다. 저는 그에게 위로가 필요할 거라고 생각했습니다. 그래서 꽤 긴 편지를 정성을 다해 써서 보냈습니다. 그에게서 전화가 왔고, 우리는 만나서 점심을 함께 했습니다. 그는 편지가 너무 고마웠다고 했습니다. 알다시피, 대부분 두 주, 세 주, 혹은 네 주 정도 주변 사람들에게 위로를 받습니다. 그 다음에는 일상으로 돌아가야 하는데, 그에게 삶은 이전과 완전히 다르게 느껴집니다. 누구라도 슬픔을 당한 사람에게 정확히 무슨 말을 해야 할지 잘 모르겠지만, 5주가 지난 후 따뜻한 마음으로 말을 건네는 것이 정말 중요합니다.

저스틴 테일러: 로즈비어 선교사님, 많은 사람들이 선교를 생각하고 선교의 소명을 느끼지만 고난을 예상하며 두려워합니다. 이들은 선교사님이 말씀하신 전기를 읽거나 선교사님의 책을 읽기도 하겠지만 정말로 고난을 두려워합니다. 이들은 자신이 국내에서 그리스도인의 삶을 살며, 그것도 충실히 잘 살고 있다고 생각합니다. 그래서 이런 의문을 갖습니다. "만약 해외에 나갔다가 큰 고난을 당하면 어떻게 하지? 두려워!" 선교사님은 국내에 남을 건지 아니면 해외에 나갈 건지를 고민하는 사람들에게 어떤 얘기를 해주시겠습니까?

헬렌 로저비어: 예수님을 저의 구주로 알게 된 그날 밤을 정확히 기억합니다. 대학 성탄절 파티가 열린 저녁 7시였죠. 아래층으로 내려가 저녁 모임에 참석했는데, 누군가 제게 물었습니다. "무슨 일 있니?" 저는 그때 하나님이 저를 너무너무 사랑하셔서 예수님을 보내고 제 대신 죽게 하셨다는 사실에 완전히 압도당한 것 같습니다. 성경을 한 권 받았는데, 처음 가져보는 성경이었습니다. 그 파티에서 성경공부를

인도하시는 그래함 스크로지 박사님(Dr. Graham Scroggie)이 성경 속지에 **빌립**보서 3장 10절 말씀을 적어 주셨습니다. 오늘 저자 사인회를 하면서도 제 책에 **빌립**보서 3장 10절 말씀을 적어서 주었는데, 바로 그때 받은 말씀이기 때문입니다. 박사님은 먼저 이 말씀을 제게 인용했습니다. "내가 그리스도와 그 부활의 권능과 그 고난에 참여함을 알고자 하여 그의 죽으심을 본받아…" 그런 후 이렇게 말했습니다. "오늘밤에 자매님은 '내가 그리스도를 알고자 하여' 라는 구절을 적용하기 시작했습니다. 앞으로 해가 거듭될수록 그분의 부활의 능력을 더 많이 알게 되길 기도합니다." 그분은 매우 솔직하고 정직했으며, 나를 보며 매우 조용히 말했습니다. "언젠가 하나님께서 자매님이 그분의 고난에 참여한다는 의미를 아는 특권을 주시길 바랍니다." 저는 그리스도인이 된 지 30분 만에 예수님을 위해 고난 받는 게 특권이라고 들었습니다.

그 후, 그리스도인의 삶을 사는 제 곁에 '특권' 이라는 단어가 어떤 단어보다 많이 머물렀다고 생각됩니다. 그분이 저를 구원하신 것이 특권입니다. 제가 그분을 전하는 일에 참여한 것이 특권입니다. 모든 게 특권이었으며, 예수님을 제 구주로 알게 된 바로 그날 밤에 그분의 고난에 참여하는 게 특권이라고 들었습니다. 지금은 우리가, 사람들에게 말씀을 전하고 예수님을 구주로 영접하라고 말하는 특권을 가진 모든 이들이, 그리스도인의 삶이 고난을 포함한다는 사실을 솔직히 말하지 않는 듯합니다. 우리나라의 그리스도인들은 사실 박해가 뭔지 모르지만 무슬림 국가에서라면 새로운 그리스도인들은 당연히 고난을 예상하며, 저는 그들이 아주 대단하다고 생각합니다. 우리는 고난 받을 거라고 생각하지 않습니다. 그러나 주 예수님을 사랑하는 사람이라면 누구라도 그분의 말씀처럼 해야 합니다. "누구든지 나를 따라오려거든 자기를 부인하고 자기 십자가를 지고 나를 따를 것이니라"(마 16:24). 그러면 그분은 어디로 가고 계셨습니까? 갈보리로 가고 계셨습니다. 그러므로 우리는 갈보리로 그분을 따라가야 합니다.

자아가 죽는 삶, 곧 자신이 바라는 사람이 되려는 야망과 권리를 죽이고, 예수님께 자신을 드리며, 그분이 어떤 환경에서든 우리 속에, 우리를 통해 사시게 하는 삶은 고난이 따릅니다. 제가 믿기로, 지금 우리가 찾아가지 못하고 다가가지 못하여 그분의 이름을 한 번도 듣지 못한 수많은 사람들을 위해 주님은 고난을 받으십니다. 그분의 고난에 참여하라는 초청을 받는 것은 큰 **특권**입니다.

제게는 만병통치약이 없습니다. 저는 고난이 없다고 말하지 못합니다. 우리는 고난 받을 겁니다. 진정한 그리스도인이라면 고난 받아야 합니다. 그리스도인은 예수님이 내주(內住)하는 사람인데, 우리 안에 계신 그분이 고난을 받으십니다.

저스틴 테일러: 랜디 목사님, 목사님께서 용기를 기르기 위해 생활 속에서 사용하시거나 사용하셨거나 사용하라고 권하는 실제적인 방법이 있습니까? 사람을 두려워하는 사람들에게, 고난을 피하고 싶거나 편안함에 길들여진 사람들이 용기를 갖도록 도와줄 실제적인 방법이 있나요?

랜 디 알 콘: 한 가지는 하나님이 우리 마음에 뭔가를 느끼게 하실 때라고 생각합니다. 앞서 우리 몸의 도구나 지체에 관해 말했던 내용과 관련이 있습니다. 예를 들면, 우리는 어떤 상황에 처합니다. 우리 가운데 많은 사람들이 누군가와 함께 있는 상황에 처합니다. 버스 정류장일 수도 있고, 레스토랑일 수도 있으며, 우리는 어디선가 누군가와 마주칩니다. 어떤 상황이든 우리는 주님이 주시는 마음을 느낍니다. "예수님을 전해야 해. 내 믿음을 나누거나 최소한 뭔가를 시작해야 해." 그래서 입을 열고 전하기 시작해야 합니다. 저는 사람들에게 이렇게 하라고 말하며, 제 자신도 이렇게 합니다. 큰 싸움은 이보다 앞서지 뒤에 오지는 않습니다. 왜냐하면 우리가 예수님을 전하는 데 헌신하면 예수님에 관해 말할 수 있기 때문입니다. 그러면 무엇이 우리를 가로막습니까? "오, 주님, 도와주세요…. 제가 할 수 있겠습니까?" 그러나 일단 시작하면 **뭐**가 되도 됩니다. 용기를 **갖**고, **첫** 발만 내**딛**으면 될 때가 많습니다.

제 아내는 매우 용감합니다. 아내는 비행기를 싫어합니다. 비행기를 싫어하는 많은 사람들이 비행기를 타지 않습니다. 그러나 아내는 비행기를 싫어하면서도 탑니다. 저는 비행기를 무서워하지 않기 때문에 비행기를 탈 때 용기가 필요 없습니다. 우리가 뭔가를 두려워하지만 어쨌든 그 일을 할 때 용기가 필요합니다. 제 생각에는 그리스도인의 삶에서 바로 이런 부분이 부족할 때가 아주 많습니다. 우리는 자신에게 "내가 목소리를 높여야 하나?"라고 묻습니다. 저는 대학생들에게 강의실에 앉아 교수들이 날마다 그리스도의 이름을 비방하는 말을 들으면서도 입을 다물면 건강에 좋지 않다고 말합니다. 우리는 목소리를 높이고 사람들 앞에서 그리스도를 고백해야 합니다. 이렇게 하면, 성장을 체험하고 상을 받습니다. 강의실의 다른 친구들도 "맞아, 나도 그렇게 느껴!"라고 말하게 해야 합니다. 그들도 목소리를 높여야 합니다.

하나님은 용기에 상을 주십니다. 그러나 용기를 내는 것은 첫 걸음일 뿐입니다. 우리는 이렇게 말해야 합니다. "제가 그 일을 할 텐데, 주님께서 도와주시리라 믿습니다. 주님께서 기적적으로 제 입을 여실 때까지 기다리지 않겠습니다. 제가 그 일을 하며 나아가겠습니다."

저스틴 테일러: 브리지스 박사님, 수십 년간 대학생들과 함께 일하셨으니 많은 변화를 보셨을 겁니다. 지금 세대를 생각할 때 가장 힘이 솟게 하는 것과 가장 걱정스러운 것은 무엇입니까?

제리 브리지스: 한편으로 저는 진정한 갈급함이 특히 그리스도를 알게 된 젊은 그리스도인들 사이에 있다고 믿으며, 여기서 가장 큰 힘을 얻습니다. 이들은 성장을 원하며 참여를 원합니다. 제가 몸담고 있는 네비게이토에서도 매년 여름 수백 명의 학생이 단기선교를 떠납니다.

이와는 반대로, 가장 걱정스러운 부분은 죄에 대한 개념이 없는 학생들, 교회 안팎의 학생들입니다. 이들은 그저 세상을 따라가며, 세상이 극악무도하거나 자신이 사는 문화의 틀을 벗어나지 않는 한 무엇이든 용납합니다. 이들은 부도덕을 부끄러워할 줄 모르는데, 참으로 비극입니다. 어느 주의 학생들에게 강연을 해달라는 부탁을 받았는데, 캠퍼스 사역자가 제게 개인적으로 이렇게 말했습니다. "정말 걱정스럽게도 우리 모임의 학생들에게도 부도덕이 침투하기 시작했습니다." 물론 이것은 이 시대의 큰 걱정거리입니다. 우리 문화에서 성경이 말하는 부도덕이 보편화되어 있는 게 분명합니다. 사람들은 이것을 전혀 부끄러워하지 않습니다. 학생들도 이러한 세태에 물들고 있습니다.

저스틴 테일러: 브리지스 박사님, 박사님이 쓰신 『크리스천이 꼭 이겨야 할 마음의 죄』(*Respectable Sins*, 두란노)[8]라는 책에 대해 조금 말씀해 주시겠습니까? 어떤 동기로 그 책을 쓰셨습니까?

제리 브리지스: 남부끄럽지 않은 죄는 그리스도인들이 용납하는 교만, 비난, 판단, 이기심, 험담, 조급, 분노, 미움 같은 죄를 말합니다. 제가 이 책을 쓴 이유는 기독교 공동체의 큰 흐름을 보면서 우리가 죄를 일반 사회에서 범하는 극악무도한 죄라는 견지에서 정의하기 시작했다는 생각이 들었기 때문입니다. 우리는 자신의 죄를 보지 않습니다. 이것은 극악무도한 죄의 심각성을 줄이기 위한 게 결코 아닙니다. 그러나 우리는 예를 들면, 동성애자를 감독으로 임명하는 주요 교단에 대해서는 흥분하면서도 우리의 험담과 교만과 비난에 대해서는 흥분하지 않습니다. 저는 바로 이런 이유 때문에 이 책을 썼습니다.

저스틴 테일러: 파이퍼 목사님께 마지막 질문을 드리겠습니다. 절망적인 상황에서 지푸라기라도 잡는 심정으로 결혼생활이나 사역에서 그리스도께 타월을 던지며 기권을 선언하기 직전의 사람들에게 어떤 조언을 주시겠습니까?

존 파이퍼: 여러분이 결혼생활을 포기하는 것은 하나님의 뜻이 아닙니다. 하나님의 뜻은 지금이 여러분의 사역에서 변화가 일어나야 할 때라는 것입니다. 그러나 포기할 생각을 하고 있지 않다면 그럴 때가 아닐 것입니다. 그러므로 제가 가장 먼저 하고 싶은 말은 이것입니다. 아직 포기하지 마십시오.

그 다음으로 저는 모든 인간적인 예상을 거슬러 하나님께 구하라고 말하고 싶습니다. 비록 결혼생활에 희망이 없어 보이고, 사역에 소망이 없어 보이더라도 인내하십시오. 기도하십시오. "나를 지켜주세요. 나를 지켜주세요. 기적을 일으켜주세요. 저는 주님께서 이 문제를 어떻게 해결하실지 모릅니다. 그러나 기적을 일으켜 주세요.

저는 자녀들과의 관계, 배우자와의 관계, 교회와의 관계가 이성적으로 보면 조금도 나아질 것 같지 않은 상황을 보았습니다. 이 순간, 사탄이 말합니다. "끝났어! 빠져나갈 구멍이라곤 없어!" 이럴 때, 우리는 "없는 것을 있는 것으로 부르시는"(롬 4:17) 하나님의 시각을 가져야 합니다.

인간적인 해결책이 없는 상황이 있습니다. 예수님은 "사람으로는 할 수 없으되"라고 하셨습니다(막 10:27). 그래서 부부가 제 사무실에 찾아와 "방법이 없습니다."라고 말하면, 저는 "맞습니다!"라고 말합니다. 그러므로 우리는 여기서 시작합니다. 그러나 우리는 살아 계신 하나님을 믿으며, 초자연적 실체를 믿습니다. 하나님은 무(無)에서 우주를 창조하셨고, 무(無)에서 결혼생활에 소망을 주실 수 있습니다. 지금 이 순간, 이성적으로나 감성적으로 보면 방법이 없다고 느낄지 모릅니다. 그렇다면 주님께 맡기고 주님께서 하시도록 구하십시오.

그런 후 그분의 말씀으로 돌아가 그분의 인내와 은혜의 증거를 찾아보십시오. 저는 이렇게 합니다. 하나님의 하나님 되심이 미래가 없는 곳에 미래를 창조합니다. 하나님은 무(無)에서 유(有)를 창조하십니다. 여러분이 제게 무슨 말을 하더라도, 남편이 열여덟 명의 다른 여자가 있었거나 연이어 간음을 했다거나 "동성애자로 밝혀졌다"고 말하더라도, 여러분이 그 무슨 말을 해도 저는 이것이 불가능하다고 말하지 않을 겁니다. 저는 절대로 언약을 지키는 관계에 대해 불가능하다는 말을 하지 않을 겁니다. 왜냐하면 그리스도와 교회가 우리의 모델이기 때문입니다. 그리스도께서는 절대로 그분의 교회와 이혼하지 않으십니다. 교회는 그분을 버릴지 모르지만 그분은 절대로 자신의 교회와 이혼하지 않으십니다. 그리스도께 교회를 회복시킬 능력이 있습니다. 우리는 이런 능력이 없지만 하나님은 교회의 상황이든 부부관계의 상황이든 간에 무에서 유를 창조하실 능력이 있습니다.

바로 지금 매우 비슷한 상황에 처한 친구를 압니다. 십대 소년이 자신이 게이라고 믿으며, 죽고 싶어 합니다. 그는 죽고 싶다는 생각밖에 없습니다. 죽는 것 외에는 아무 것도 원하지 않습니다. 그의 부모는 완전히 절망에 빠졌습니다. 언제 어디서 아들이 시체로 발견될지 몰라 애를 태웁니다. 저는 그의 부모에게 말했습니다. "희망이 있습니다. 아드님은 게이일 수도 아닐 수도 있습니다. **특별히** 남자를 좋아하는 것일지 모릅니다. 괜찮습니다. 제 얘기를 하자면, 사실 제 아내의 성마른 성격이 저에게는 올무가 됩니다. 그러나 이 싸움에는 미래가 있습니다. 아드님은 희망을 느껴야 합니다. 희망을 느낄 수 있습니다. 하나님은 무에서 유를 창조하십니다."

어떤 상황은 전혀 희망이 없어 보이며, 그래서 우리는 자신이 전혀 무기력하다고 느낍니다. 그러나 기독교가 이런 흐름을 따라가야 한다면 우리는 끝난 겁니다. 하나님이 이 세상에 이러한 상황을 돌파할 초자연적인 역사를 일으키실 능력이 없다면 우리가 무엇을 줄 수 있겠습니까? 우리는 사람들의 필요를 채우려는 세상 심리학의 심부름꾼에 불과할 겁니다. 그러나 하나님이 개입하십니다.

마지막으로, 도움을 줄 누군가를 찾아보십시오. 기도실로 내려가십시오. 자신의 상황을 가능한 한 많이 나누십시오. 주변에 두 세 사람을 두고, 그들의 격려와 위로를 받으며, 하나님께 기적을 구하십시오.

저스틴 테일러: 파이퍼 목사님, 마무리 기도를 해주시겠습니까?

존 파 이 퍼: 아버지, 바로 지금 이러한 상황에 처한 사람들이 많습니다. 희망이 없다고 느끼는 모든 사람들에게 바로 지금 우리의 손을 뻗어 그들의 어깨를 감싸고 싶습니다. 주님, 희망의 겨자씨로 우리 가운데 임하소서. 하나님은 우리의 주님이십니다. 앞길이 보이지 않습니다. 하늘에 문을 내소서. 광야에 잔치를 배설하소서. 메추라기를 보내소서. 바다가 갈라지게 하소서. 해가 멈추게 하소서.

떡 다섯 개로 5천명을 먹이소서. 주님, 놀라운 일을 행하소서. 우리는 그저 인내를 말하는 데 그치기 싫습니다. 주님의 능력의 손이 사람들을 현재의 위기에서 희망의 날로 인도하는 모습을 보길 원합니다. 예수님의 이름으로 기도합니다. 아멘.

| 대담2 |

존 파이퍼, 존 맥아더

진행: 저스틴 테일러

"믿음의 가문을 이어가는 이들에게"

저스틴 테일러: 맥아더 목사님, 그리고 파이퍼 목사님, 두 분이 처음 만났거나 서로의 사역을 처음 알게 되었던 때를 기억하십니까?

존 파이퍼: 기억합니다. 맥아더 목사님은 기억하지 못하실 겁니다. 아주 오래 전이었거든요. 그때 저는 목사님을 좋아하지 않았습니다. 제게는 목사님의 말씀이 너무 거칠고 호되게 들렸거든요. 목사님은 70년대 말에 베델 칼리지에 오셔서 설교를 하셨는데, 그때 저희는 목사님과 세일하머(John Sailhamer) 교수님과 함께 아침을 먹었습니다. 그때 목사님을 처음 만났습니다. 저는 목사님을 전도자보다는 강해설교자라고 보았고, 그래서 목사님께 이렇게 물었습니다. "이제 목회를 시작하셨는데, 어떤 방법으로 교회가 전도하게 하실 생각이십니까?" 제

기억으로는 그때 목사님이 이렇게 대답하셨습니다. "**첫** 번째 교역자를 전도자로 뽑을 겁니다." 이렇게 미네소타주 뉴 브라이턴의 어느 식당에서 처음으로 목사님을 만났습니다.

존 맥 아 더 : 저는 **첫** 만남은 기억나지 않습니다. 하지만 제 삶에 정말 중요한 일이 있었는데, 파이퍼 목사님도 그 일의 한 부분이었습니다. 저는 『참된 무릎 꿇음』(The Gospel According to Jesus, 살림)을 쓸 때 고민을 많이 했습니다. 제가 속한 전통에서는 "주권" 신학이 나오지 않기 때문이었습니다. 그 책을 쓸 때, 제가 속한 진영 외부에 아는 사람이 사실상 전혀 없었고, 저의 책이 어떻게 받아들여질지도 몰랐습니다. 그런데 제임스 보이스(James M. Boice) 목사님이 서문을, 존 파이퍼 목사님이 추천사를 써주셨습니다. 저는 파이퍼 목사님의 추천사를 보고 깜짝 놀랐습니다. 당시만 해도, 저는 사실상 개혁주의 진영에 속하지 않았기 때문입니다. 저는 공공연한 세대주의자였습니다. 거기가 제 세상이었습니다. 그러나 제가 세대주의자가 아니라 개혁주의자라는 것을 깨달았습니다. 그래서 파이퍼 목사님의 훌륭하고 고무적인 추천사에 압도되었습니다. 물론, 그때부터 감사하고 기뻐하면서 파이퍼 목사님의 책을 읽고 목사님의 사역에 동참했습니다.

제 삶에서 일어난 작지만 중요한 또 하나의 일이 있습니다. 루이스**빌**에서 열린 작은 모임에서 파이퍼 목사님을 만난 것입니다. 그때 파이퍼 목사님이 저를 위해 기도해주셨습니다. 그 기도를 들으며 얼마나 감사하고 감동했는지 모릅니다. 그 순간을 절대 잊지 못할 겁니다.

저스틴 테일러: 오늘 아침에 두 목사님의 부친이 사셨던 연대를 확인해 보았습니다. 잭 맥아더(Dr. Jack MacArthur) 목사님은 1914년에 태어나 2005년에 돌아가셨고, 빌 파이퍼(Dr. Bill Piper) 목사님은 1919년에 태어나 2007년에 돌아가셨더라고요. 그러니까 두 분이 똑같은 나이에 돌아가셨습니다. 두 분 다 밥 존스 대학에서 명예박사 학위를 받으셨고요, 두 분 다 침례교인이었고 순회 전도자였습니다. 두 어른이 보여주신 본이나 성실함과 인내에 대해 특별히 기억나는 교훈될 만한 일이나 두 분의 목회와 삶에 영향을 미친 특별한 일이 있으면 말씀해 주십시오.

존 파이퍼: 듣고 보니 존 맥아더 목사님의 부친에 대해 더 알고 싶은데요. 선친(先親)에 대해 말하자면 끝이 없습니다. 아버지의 전도는 매우 교리적이었다는 게 두드러진 **특징**입니다. 아버지는 세대주의 학교에서 성경을 깊이 배웠으나 매우 교리적이었다는 점에서 다른 사람들과 달랐습니다. 선친은 거듭남의 교리, 지옥 교리, 천국 교리, 회개 교리 등을 전개하며 전도하셨습니다. 이것이 아버지의 사고방식이었습니다. 그래서 저도 자라면서 성경을 그렇게 다뤄야 한다고 생각했습니다. 전도를 하든 교회 목회를 하든, 성경 전체적 의미와 일관

성을 알아야 합니다

아버지가 2-3주씩 집을 비우는 가정에서 자라는 것은 멋진 특권이었습니다. 아버지는 5-6주씩 전국을 다닌 후 집에 돌아와 4일이나 8일을 머문 후 다시 떠났습니다. 많은 사람들이 자기 아버지의 일에 이런 저런 화를 냅니다. 그러나 제 아버지는 집에 있는 날이 3분의 1밖에 안 됐지만 그래도 저는 아버지의 사역에 한 번도 화를 내지 않았습니다. 제게는 그런 아버지를 둔 게 대단한 특권처럼 보였습니다.

어머니가 아버지의 사역을 사랑하셨다는 게 비결이었다고 생각됩니다. 어머니는 절대로 이렇게 말하지 않으셨습니다. "아버지 어디 계시니? 도대체 집에 계시는 날이 없구나!" 자라면서, 아버지에게는 평생의 소명이 있다는 생각이 들었습니다. 전도였습니다. 저와 어머니의 일은 아버지를 후원하는 것이었습니다. 아버지는 집에 돌아오면 복음의 승리에 얽힌 이야기를 해주셨습니다. 이보다 좋은 게 어디 있겠습니까? 아버지는 농담도 하셨습니다. 우리는 식탁에 앉아 아버지가 들려주는 최신 농담을 들었습니다.

존 맥 아 더 : 아버지가 어머니를 참 많이 사랑하셨던 게 늘 기억납니다. 제게는 참 귀한 일이었습니다. 저는 아버지로부터 아내를 어떻게 사랑해야 하는지 배웠습니다. 아버지는 아내와 자녀를 특별한 방법으로, 깊이 사랑하셨습니다. 아버지는 풀러 파운데이션(Fuller

Foundation)에서 찰스 풀러(Charles E. Fuller)와 함께 전국을 다니는 전도자였습니다. 그리고 윌리엄 컬버트슨(William Culbertson, 1905-1971)이 회장일 때는 무디에서도 전도자로 일했습니다. 아버지는 중서부와 동부 전역을 다니며 집회를 열었습니다. 필라델피아의 이스턴 신학교(Eastern Seminary)를 졸업하셨기 때문에 그쪽에 아는 분들이 많았습니다.

저도 캘리포니아에서 자랄 때 같은 경험을 했습니다. 아버지는 오랫동안 기차로 이곳저곳을 다니며 집회를 인도했습니다. 해외 집회를 인도할 때도 있었습니다. 파이퍼 목사님처럼, 저도 이런 아버지 때문에 화를 낸 적이 없습니다. 아버지가 집을 떠나시는 일이, 그리고 집에 돌아오시는 일이 제게는 놀랍기만 했습니다.

그러나 마침내 아버지는 목회자가 되셨고, 저는 중학교 때부터 아버지의 목회를 배우는 특권을 누렸습니다. 아버지는 마태복음, 로마서, 요한복음 등을 처음부터 끝까지 항상 변증적 어조로 강해했습니다. 아버지는 성경의 정확성에 대한 증거를 항상 열심히 찾았고, 비판자들에게, 성경을 믿지 못할 이유를 제시하는 자들에게 대답할 말을 늘 찾았습니다. 아버지의 메시지는 늘 이러한 변증을 내포했으며, 말년에 라디오 사역에서 이러한 부분을 크게 강조했습니다. 아버지는 『갈보리의 소리(Voice of Calvary)』라는 라디오 프로그램을 60년간 맡았습니다. 정말 성실했습니다. 아버지는 마림바를 연주하면서 프로그램을 시작했습니다. 처음과 마지막에 연주를 하고 그 중간에 설교를 했습니다.

저스틴 테일러: 두 어른께서는 두 분이 목회자가 되길 원하시거나 기대하셨나요? 만약 그랬다면, 그런 바람을 두 분에게 표현하셨나요?

존 맥 아 더 : 아버지는 절대로 제게 목회자가 되라고 강요하지 않았습니다. 아버지는 목회를 사랑했습니다. 교회를 사랑했습니다. 교인들을 사랑했습니다. 설교하길 좋아했습니다. 책을 읽고 연구하길 좋아했습니다. 책을 정말 많이 읽었고, 자신의 사역을 아주 좋아했습니다. 그래서 저는 자신이 하는 모든 일을 사랑하는 아버지를 보고 자랐습니다. 그러나 아버지는 절대로 목회자가 되라고 저를 압박하지 않았습니다. 오직 주님만이 저를 목회자가 되게 하실 수 있다고 늘 생각하셨기 때문입니다. 그래서 아버지는 제 생각을 강요하길 원하지 않으셨습니다. 저는 그런 아버지를 크게 존경했습니다. 그런데 제가 큰 교통사고를 당했습니다. 열여덟 살 때, 자동차에서 튀어나와 고속도로에서 100미터 아래로 굴러 떨어졌는데도 죽지 않고 살았습니다. 3개월을 꼼짝 못하고 누워 지냈습니다. 그때 주님께서 제 마음을 완전히 차지하셨습니다. 아버지는 전혀 압박하지 않았지만 일단 제가 주님께 헌신을 다짐하자 저를 목회자로 만들려 하셨는데, 결국 아버지의 바람대로 되었습니다.

저스틴 테일러: 목사님이 복음 사역에 부름을 받았다고 느꼈을 때, 부친과 나눈 대화를 기억하십니까?

존 맥아더: 정확히 무슨 대화를 나눴는지 기억나지 않습니다. 그러나 아버지는 제게 성경을 한 권 주셨는데, 그 속에 이렇게 적혀 있었습니다. "사랑하는 존, 말씀을 전해라. 사랑한다. 아빠가." "말씀을 전해라!" 이것이 아버지가 제게 하고 싶은 말이었습니다. 우리는 디모데후서 4장에 관해, 끝까지 충성하며 말씀을 전하는 일에 관해 대화를 나누었습니다. 아버지는 그렇게 사셨고, 거기에 평생을 바쳤습니다.

저는 고등학생 때는 물론 대학생 때도 풋볼 선수였습니다. 그런데 아버지가 저를 신학교에 보냈습니다. 그때 이렇게 말하셨습니다. "너는 신학교에 가야 한다. 진지하게 생각해 보고 신학교에, 그것도 탈봇 신학교에 가도록 해라. 그 학교에 찰스 페인버그(Charles Feinberg)라는 교수님이 있기 때문이다."

찰스 페인버그 교수님을 기억하세요? 아주 뛰어난 분이었습니다. 14년을 공부하고 랍비가 된 후 회심하고 그리스도인이 되었습니다. 두 개의 박사학위를 받았습니다. 달라스 신학교에서 신학박사 학위를 받았고, 존스 홉킨스 대학으로 옮겨 중동 고고학의 권위자 윌리엄 올브라이트(William Foxwell Albright) 밑에서 철학박사(PhD) 학위를 받았습니다. 그래서 아버지는 제가 신학교에 다니는 동안 페인버그 교수님과 손을 잡고 저를 교육했습니다.

페인버그 교수님은 아버지를 봐서 이따금 저를 연구실로 불렀습니다. 교수님은 아버지 때문이라고 말하지 않았지만 저는 뒤에 아버지가 있다는 걸 알았습니다. 교수님은 제게 읽을 책을 주셨고, 저와 대화도 하셨으며, 저를 집으로 초대하기까지 했습니다. 교수님의 아들 폴과 존은 저와 좋은 친구가 되었습니다. 우리는 많은 시간을 함께 했습니다. 신학교 1학년 때, 채플 시간에 전교생 앞에서 제가 설교를 해야 했는데, 본문은 페인버그 교수님이 정해주었습니다. 다윗 언약이 나오는 사무엘하 7장이었습니다. 저는 이 본문으로 "하나님 생각하기"에 관해 설교했습니다. 나단은 다윗에게 성전을 건축하라고 했지만, 하나님은 나단에게 다윗이 성전을 건축하길 원하지 않는다고 말씀하셨습니다. 그런데 저는 '하나님 생각하기'에 대해 설교를 했죠. 핵심에서 완전히 빗나갔습니다. 핵심은 하나님 생각하기가 아니라 다윗 언약이었습니다. 형편없는 설교였습니다.

설교가 끝난 후, 페인버그 교수님이 제게 종이를 한 장 건네셨는데, 빨간 글씨로 이렇게 적혀 있었습니다. "본문의 핵심을 완전히 놓쳤네. 내 연구실로 오게." 제가 연구실로 갔을 때, 교수님은 저를 사정없이 혼내셨습니다. 그때 평생에 가장 큰 가르침을 받았습니다. 교수님은 이렇게 말씀하셨습니다. "본문의 핵심을 집어내는 게 우리가 자네에게 요구하는 전부일세. 그게 우리가 요구하는 전부란 말이네. 우리가 자네에게 원하는 것은 창의성이 아니라 본문의 핵심을 집어내는 걸세."

페인버그 교수님이 몇 년 전에 주님 곁으로 가셨을 때, 가족이 제게 장례식 설교를 부탁했습니다. 교수님이 누군가에게 제가 이제는 본문의 핵심을 제대로 집어낸다고 말씀하신 것 같습니다. 그래서 가족은 마음 놓고 제게 장례식 설교를 부탁했겠지요.

저스틴 테일러: 파이퍼 목사님, 목사님이 목회를 결심한 후 부친께 쓰신 편지에 대해 이야기해주실 수 있겠습니까?

존 파 이 퍼: 제 기억으로 아버지는 제게 목회자라가 되라고 강요하신 적이 없습니다. 제가 1979년 교단(敎壇)을 떠나 목회자가 되겠다고 했을 때, 아버지는 한 장 반짜리 편지로 말렸습니다. 왜냐하면 수천 개의 교회를 다녀본 아버지로서는 제가 걱정스러웠기 때문입니다. 아버지는 이렇게 말했습니다. "지금 하는 일이 네게 딱 맞아! 나는 네 이름을 피터라고 짓고 싶었지만 네 어머니는 피터 파이퍼라는 이름을 허락하지 않았다. 그래서 우리는 네 이름을 존이라고 지었는데, 지금 네 모습과 딱 어울리는구나. 너는 조용하고 사색적인 유형이다. 너는 선포자가 아니다. 네게는 교실이 잘 어울린다. 그러니 교단을 지켜라. 교회에 발을 들여놓았다간 산 채로 잡아 먹힐 거다." 그러나 저는 소명

을 거부할 수 없었고, 그래서 "아버지, 어쨌든 목회자가 될 겁니다."라고 했습니다. 그러자 아버지는 "좋다. 나는 그저 분명히 해두고 싶었을 뿐이다."라고 했습니다. 이것이 아버지의 방식이었습니다.

제가 쉰 살에 어린 딸을 입양할 때도 아버지는 똑같은 태도를 취했습니다. 아버지는 두 장 반짜리 편지로 저를 말렸습니다. 아버지는 제가 너무 늙었고, 둥지가 비면 제 삶이 더 많은 열매를 맺을 거라고 생각했습니다. 저는 아버지의 편지를 진지하게 살핀 후 전화를 걸어 직접 말씀드렸습니다. 그러나 우리는 결국 입양이 우리 삶을 향한 하나님의 요청임을 깊이 깨달았습니다. 아버지와 탈리다가 처음 만났을 때, 돌도 안 지난 탈리다는 할아버지 품에 안겼고 할아버지의 마음을 완전히 돌려놓았습니다. 아버지는 한 말씀도 안 했으며, 탈리다를 친손자들처럼 사랑했습니다.

제 생각에는 아들에게 힘을 주는 아버지만의 방법이 있었던 것 같습니다. 아버지는 교단이 제게 맞는다고 보셨으나 저는 아버지의 판단이 틀렸다고 생각합니다.

저스틴 테일러: 두 분이 목회를 시작했던 때로 돌아가 서른 네 살의 존 파이퍼와 스물 아홉 살의 존 맥아더에게 조언한다면, 목회를 시작할 때 가장 중요한 게 무엇이라고 말해주시겠습니까?

존 파 이 퍼: 제게는 교회가 아니라 자녀나 아내와 관련된 부분이 가장 중요할 겁니다. 그때로 돌아가더라도, 베들레헴 교회에서 저의 목회는 기본적으로 달라지지 않을 겁니다. 정말 열심히 생각한다면, 몇몇 기술적인 부분을 바꿔볼 생각이 들지도 모르겠습니다. 그러나 저희는 너무나 단순한 목회 모델에 따랐고 그래서 바꾸기 어렵습니다. 성경을 펴고, 성경이 의미하는 바를 전심으로 교인들에게 전하며, 그 말씀을 교인들 앞에서 먼저 실천하고, 나머지 일을 처리하십시오.

그러나 가족에 대해서라면 더 잘 할 겁니다. 다시 시작한다면, 아버지 역할을 더 잘 할 겁니다. 당시에는 아무도 "자녀의 마음을 다루라"는 견지에서 말하지 않았습니다.[1] 한 가지 예가 있습니다. 릭 가마치(Rick Gamache)는 이곳 미네소타에 자리 잡은 소버린 그레이스 교회(Sovereign Grace Church)의 목사님입니다. 릭 목사님은 지난 목요일에 강의를 하셨는데, 자신이 자녀의 마음을 끌어내기 위해 하는 질문을 소개했습니다.[2] 저는 열 가지 남짓한 질문을 읽고, 복사해서 네 아이들 모두에게 보냈습니다. 그 아이들도 모두 자녀가 있는데, 그들이 저처럼 부족한 부모가 되지 않길 바랍니다. 저는 아이들에게 충실했다고 생각합니다. 아이들의 축구 시합에도 빠짐없이 갔습니다. 밤이면 이불도 덮어주었습니다. 그들에게 본도 보였습니다. 매일 저녁 가정예배도 드렸습니다. 그러나 아이들이 열세 살에서 열다섯 살 무렵 정서적인 부분에서 별로 도움을 주지 못했습니다. 그래서 아이들이 각자의 잠재력을 충분히 발휘하지 못한 것 같습니다.

그래서 저는 서른 네 살의 존 파이퍼에게 이렇게 말해주고 싶습니다. "아내의 마음을 길어내고 자녀의 마음을 길어내는 데 더 깊이 헌신하게. 그래서 단지 머릿속이 아니라 마음속을 표현할 방법을 찾게 해주게." 저는 이 부분에서 소홀했습니다. 왜냐하면 저는 마음을 표현하는 게 아주 자연스럽기 때문입니다. 저는 감성적인 사람입니다. 그래서 감정을 쉽게 표현합니다. 긍정적 감정이든 부정적 감정이든 늘 마음을 그대로 표현합니다. 그러나 모두가 저와 같지는 않습니다. 우리는 그들의 마음을 길어내야 합니다. 그래서 이 부분이 가장 먼저 떠오릅니다. 이제는 이 부분이 크게 느껴지고 아이들도 다 자랐기 때문입니다. 제게는 지금도 탈리다가 있습니다. 하나님이 주신 멋진 선물입니다. 제가 열 개의 질문을 복사한 이유도 여기 있습니다. 탈리다는 이제 열한 살이고 아직 늦지 않았기 때문입니다.

존 맥 아 더 : 저도 그런 부분이 있습니다. 스물아홉 살에 목회를 시작했을 때, 복음주의에 대한 영적 성찰이 많이 부족했습니다. 적어도 제가 사는 세상에서는 사람들이 감정 표현을 별로 생각지 않는 줄 알았습니다. 그래서 제 자신도 그런 줄 알았습니다.

저는 정열적이며 증기롤러 같은 사람이 아니지만 무엇이든 조직하려는 성향이 강합니다. 이것이 육적 은사인지 영적 은사인지 모르겠습니다. 지금은 이런 성향을 버렸으며, 교회 생활에 단순하고 자연적인 흐름이 있다는 것도 압니다. 그러나 초기에는 항상 무엇이든 재조직하고 개조하며, 교인을 분류하려 했습니다. 그러다가 마침내 그래서는 안 된다고 깨달았습니다. 그러나 가족은 그 대가를 어느 정도 치렀습니다. 저는 연구하느라 아주 바쁜 데도 온갖 것을 조직하느라 정신이 없었기 때문입니다. 특히 아내 패트리샤에게 시간을 내지 못했습니다. 집에 있을 때도 언제나 다른 일로 바빴습니다. 너무나 많은 일을 떠안고 씨름했습니다. 오죽하면 아이들이 "아빠 불러보기"라는 놀이까지 했겠습니까? 아이들이 제 앞에서 손을 흔들어도 모를 정도로 일에 몰두했습니다. 그래서 아이들과 별로 놀아주지 못했습니다. 지금 생각하면 후회스럽습니다.

교회의 관점에서 생각해 보면, 제게는 인내가 문제였습니다. 저는 자신에 대해 별로 참을성이 없습니다. 제가 젊고 모든 게 빨리 이루어지길 기대했을 때는 인내가 더더욱 부족했습니다. 어떤 일이 생각한 만큼 빨리 진척되지 않으면 실망했습니다. 교인들이라고 왜 모르겠습니까? 저는 교인들을 다그쳤습니다. 우리 교회가 은혜(Grace) 교회인데 목사인 제가 은혜와 씨름했습니다. 희망적이게도, 지금은 조금 더 깨달았고, 이제는 교인들에게도 더 많이 인내합니다. 제가 젊었을 때 누군가에게 말한

적이 있습니다. "목사는 말씀을 강하게, 담대하게, 분명하게, 기탄없이, 타협 없이 선포하고 그 말씀을 부드럽게, 따뜻하게, 은혜롭게, 오래 참으며 교인들에게 적용해야 합니다." 맞습니다. 강단의 메시지는 분명해야 하며, 강렬해야 하며, 확고해야 합니다. 그러나 강단에서 내려와 교인들을 목양할 때는, 다시 말해, 강단의 진리를 적용할 때는 그들을 소중히 여기며 인내심을 보여야 합니다. 그 과정에서 교인들을 사랑하고 차근히 이끌어야 합니다. 저는 이것을 배워야 했습니다.

저스틴 테일러: 맥아더 목사님은 엄청난 찬사와 동시에 엄청난 비판을 받으십니다. 목사님은 개인적으로 찬사와 비판을 어떻게 해결하십니까? 한편으로 교만하지 않고 다른 한편으로 절망하지 않기 위해 어떻게 하십니까? 높은 찬사를 받거나 거친 비판을 받을 때, 성경적으로 반응하기 위해 어떻게 하십니까?

존 맥 아 더: 모든 게 자비입니다. 저의 구원이 자비입니다. 저는 전혀 자격이 없습니다. 그래서 하나님이 하시는 일에 언제나 놀랍니다. 이 모든 일에 자격 있는 사람이 어디 있겠습니까? 하나님은 저의 능력이나 재능이나 힘이나 지혜를 토대로 일하지 않으십니다. 그러므로 저는 모든 일을 정직하게, 실제적으로 처리해야 합니다. 저는 도구일 뿐입니다.

한 교회에서 오랫동안 목회하면서 얻은 유익이 하나 있습니다. 저의 모든 장점과 단점을 돌아볼 수 있게 되었습니다. 이 도시에서 저 도시로 목회지를 옮기면, 자신에 관한 신문 스크랩을 믿게 될 뿐 자신의 실패와 부족함과 단점을 그대로 안고 살게 되는데, 이것은 결국 교인들과 가족과 자녀에게 영향을 미칩니다. 칭찬이 해로울 때도 있음을 아는 아내가 있으면 유익합니다. 이런 아내는 남편에게 육체의 가시가 되지 않으면서 정직한 조언을 줄 수 있습니다.

사람들이 저에 대해 이런 저런 말을 할 때, 저는 그들이 말씀의 가르침과 말씀을 통한 성령의 역사에 반응한다고 생각합니다. 그래서 감사할 뿐입니다. 그들의 말은 언제나 저를 놀라게 하며, 따라서 저는 감사할 따름입니다.

반대로, 저는 오래 전에 비판에 대해 제 자신을 변호하지 않기로 했습니다. 진실이 밝혀졌다면, 제 자신을 변호하기란 불가능합니다. 마치 제가 완전한 척 하면서 모든 비판에 답하고 싶지 않습니다. 누구에게나 약점이 있습니다. 제 신학에도 오류가 있을 겁니다. 저는 어디에 오류가 있는지 모릅니다. 안다면 당연히 고칠 겁니다. 제 신학이 어디에 오류가 있는지는 모르지만 그래도 그 신학을 계속 활용합니다.

25년 전, 제 자신을 변호하지 않기로 결심했습니다. 모든 비난과 비판에 일일이 답하는 대신에 다만 제 일을 성실하게 하면서, 저의 삶과 사역이 스스로 말하게 할 뿐입니다. 저를 비판하는 사람들이 있다는 사실은 저도 압니다. 그러나 개의치 않습니다. 그들이 비판하면, 저는 때로 이런 편지를 씁니다. "제 마음을 점검하게 해주셔서 감사합니다. 여러분의 지적에 감사드립니다. 그 지적을 진지하게 받아들이겠습니다. 감사합니다." 이것뿐입니다. 자신에 대한 비판을 수용할 줄 알아야 합니다. 비판은 우리를 겸손하게 만들거든요.

존 파 이 퍼: 자비라는 단어의 양면에 귀를 기울여야 합니다. 칭찬 받을 때, 하나님의 주권적 자비의 교리는 우리가 모든 칭찬(찬양)을 하나님께 돌리는 통로여야 한다고 말합니다. 하나님이 없으면, 그 어떤 일도 영원한 의미를 갖지 못하기 때문입니다. 주권적 자비는 우리에게 쏟아지는 칭찬을 차단합니다.

주권적 자비의 교리는 비판에도 적용됩니다. 비판은 우리와 하나님의 관계를 무너뜨리며 우리의 효과적인 사역을 방해하기 때문입니다. 하나님은 자비로 우리에게 사역을 맡기셨고, 자비로 우리를 구원하셨습니다. 그러므로 비판이 이러한 자비를 차단하지는 못합니다. 우리는 자신의 어깨를 누르는 짐뿐 아니라 죄의 짐도 주님께 맡길 수 있기 때문입니다. 누군가 죄책감을 느낄 때, 예를 들면 아들의 자살이나 이혼이나 그 외에 어떤 일에 대해서든 죄책감을 느낄 때, 이들을 상담하면서(제 자신도 날마다 상담합니다) 보니 방금 말한 것이 매우 유익했습니다. 사람들은

"제가 죄책감을 느껴야 하나요?"라고 물으면, 저는 "모르겠습니다. 그러나 중요한 건 그게 아닙니다."라고 말합니다. 우리가 죄책감을 느껴야 하느냐 말아야 하느냐를 놓고 고민하며 시간을 보낸다면 절대로 분명한 결론에 이르지 못할 겁니다. 그냥 편안하게 죄책감을 느끼고, 그런 다음 우리가 심판 날에 다룰 수 있는 유일한 방법으로 그것을 다루면 됩니다. 왜냐하면 심판 날에 우리는 죄책감을 느낄 것이기 때문입니다. 모든 게 드러날 것입니다. 마음이 낱낱이 드러날 것입니다. 그때는 논쟁의 여지가 없을 겁니다. 지금 이 문제에 대한 해결책이 없다면 그때도 없을 겁니다. 그러므로 마음을 편하게 가져야 합니다. 우리는 혐의 그대로 유죄입니다. 그래서 저는 당장 회개합니다. 조금은 지나친 단순화일지 모릅니다. 왜냐하면 우리는 혐의 가운데 몇몇에 대해서는 유죄가 아니기 때문입니다. 그러므로 우리는 주변에 사람들을 두어야 합니다.

베들레헴 교회에서, 제 주변에는 '예스맨'이 아닌 사람들이 있습니다. 제게는 직원들이 있습니다. 이들은 제가 듣는 것을 듣고 이렇게 말합니다. "목사님, 그 부분은 고려하셔야 합니다. 그 말은 일리가 있습니다." 또 이렇게 말하기도 합니다. "무시하십시오. 저희는 그렇게 보지 않습니다." 그러므로 주변에 사람을 두는 것은 정말로, 정말로 중요합니다.

마지막으로, 사람들이 듣기 싫어하는 신학적 역설이 있습니다. 저는 주님께서 제게 너무나 많은 죄를 허용하심으로써 저의 교만을 손질하고 계신다고 생각합니다. 제 입에서 아내를 향해 수많은 말이 튀어나오며, 사람들을 향한 수많은 감정이 튀어나옵니다. 그런데 어떻게 제가 양심에 꺼리는 일을 하면서도 얼굴을 들고 바울처럼 "청결한 양심으로"(딤후 1:3) 그들을 섬겼다고 말할 수 있겠습니까? 그런데 바울이 정말로 양심이 완전히 깨끗했을까요? 잠시 생각해 봅시다.

존 맥아더: 바울도 이 문제와 씨름했을 겁니다. 로마서 7장에서, 바울은 "내가 원하는 바 선은 행하지 아니하고 도리어 원하지 아니하는 바 악을 행하는도다 … 오호라 나는 곤고한 사람이로다"라고 고백했습니다.

존 파이퍼: 바울의 양심에도 죄책감이 있었습니다.

존 맥아더: 맞습니다. 그러나 바울은 자신의 죄를 해결했습니다. 죄가 쌓이지 않게 했습니다.

존 파이퍼: 그게 제가 말하려는 핵심입니다. 은밀한 죄의 삶은 우리를 죽입니다.

저스틴 테일러: 아주 많은 젊은 목회자들과 선교사들이 두 분을 존경하고 두 분의 책을 읽습니다. 두 분이 선교 현장의 젊은이들에게 조언하실 때 보면, 환경이 우리의 소명을 확인시켜주는 게 분명해 보입니다. 우리가 무슨

일을 잘 하면, 그 일에서 열매가 맺힐 때가 많습니다. 두 분은 믿기 어려울 만큼 많은 열매를 맺은 사역자입니다. 두 분은 성실함과 열매라는 문제를 어떻게 생각하시는지요? 작은 교회를 목회하거나 선교 현장에 있지만 한 해, 두 해가 지나도 한 사람의 회심자도 얻지 못하고 보이는 열매도 없는 사람들이 있습니다. 이분들은 사역이 자신의 은사가 아닐지 모르며, 따라서 사역을 그만둬야 할지 아니면 더 계속해야 할지를 어떻게 숙고하고 결정해야 합니까?

존 맥아더: 그 질문에 몇 가지로 대답할 수 있습니다. 그러나 무엇보다도 결과는 제 소관이 아닙니다. 바울은 "만일 우리의 복음이 가리었으면 망하는 자들에게 가리어진 것이라"라고 말합니다(고후 4:4). 제게는 이것을 극복할 힘이 없습니다. 이러한 개념을 풋볼 선수 시절에 배웠습니다. 저는 경기에서 이기고 싶었습니다. 늘 이기길 원했습니다. 승리가 경기 전체의 핵심이었습니다. 지려고 시합하는 선수는 없습니다. 모두 이기려고 시합합니다. 당연합니다. 그러나 저는 승리를 보장할 수 없었습니다. 왜냐하면 상대편에는 제가 하고 싶은 대로 못하게 막는 열 한 명의 선수가 있었고, 우리 편에도 때로는 제대로 못하는 열 명의 선수가 있었기 때문입니다. 목적을 이루는 일은 제 능력 밖이었습니다. 그래서 어느 시점에선가 제가 할 수 있는 것은 노력뿐임을 깨달았습니다. 결과는 제가 어떻게 할 수 있는 게 아니었습니다.

그레이스 커뮤니티 교회에 부임한 **첫** 해 무렵, 저는 이런 표어를 사용했습니다. "내가 사역의 깊이에 집중하면 사역의 **넓**이는 하나님이 책임지신다." 조그마한 그 교회에서, **첫** 해 이후 저의 사역은 바뀌지 않았습니다. 제게 사역은 전적으로 성경을 깊게 파고, 주님과 더 깊이 동행하는 것이었습니다. **넓**이는 하나님의 몫입니다. 우리는 이 점을 깨달아야 합니다. 그러지 않으면, 자신을 다른 사람들이나 다른 상황과 비교하며 좌절합니다. 이것은 아무 일도 일어나지 않으면 하나님은 우리가 거기 머물길 원하신다는 뜻이 아닙니다. 그분은 우리가 옮기길 원하실지 모릅니다. 그러나 이것은 많이 기도하고 어쩌면 조언을 구한 후에 내려야 할 개인적인 결정입니다. 우리는 노력하는 데 만족해야 합니다. 다른 것도 마찬가지입니다. 우리가 숫자에만 만족하려 하면, 그 어떤 숫자에도 만족하지 못합니다. 우리보다 더 많이 가진 사람들, 더 인기 있는 사람들, 더 유명한 사람들이 늘 있기 마련입니다. 우리는 자신이 소명 받은 분야에서 성실히 노력하는 데 집중해야 합니다. 다시 말하지만, 우리는 자비의 개념으로 돌아가, 하나님이 성실함에 상을 주신다는 사실을 깨달아야 합니다.

존 파이퍼: 로버트 모리슨(Robert Morrison, 1782-1834, 런던선교회에서 파송한 최초의 중국 선교사로 신약을 중국어로 번역했다) 같은 사람들에 대해 들었던 이야기가 생각납니다. 모리슨은 중국으로 파송된 최초의 개신교

선교사였습니다. 그는 7년 후에야 첫 회심자를 얻었습니다. 아도니람 저드슨(Adoniram Judson, 1788-1850, 미국 최초의 선교사로 버마에서 사역했다)도 마찬가지입니다. 그도 7년 후에야 첫 회심자를 얻었습니다. 데이비드 브레이너드(David Brainerd, 1718-1747, 아메리카 인디언에게 복음을 전한 최초의 선교사)도 같은 경험을 했습니다. 이런 사람들이 많으며, 우리는 이들의 이야기를 수없이 듣습니다. 그러나 우리가 잊고 있는 사실은, 자신에게 은사가 있는지 확인하지도 않고 선교현장으로 가지는 않는다는 것입니다. 선교현장에 가기 전에 국내에서 은사가 검증됩니다. 그래서 저는 교회, 곧 이러한 사람들이 구원받고 성숙하기 시작하는 믿는 자들의 공동체가 이들에게서 영적 은사를 발견했다고 봅니다. 저는 은사와 사명을 발견하는 과정에서, 교회가 하는 역할은 은사 확인이라고 생각합니다. 확인되는 것은 쓸모없는 기술이 아닙니다. 저는 쓸모없는 기술이 영적 은사는 아니라고 생각합니다. 영적 은사는 성령께서 기름 부어 쓸모 있게 하신 기술입니다. 결과가 언제나 회심으로 나타나지는 않습니다. 양심을 찌르는 것입니다. 주님을 향한 사랑의 깊이를 더하는 것입니다. 사람들의 행동을 바로 잡는 것입니다.

제가 베들레헴 교회에서 주님이 자신들에게 원하시는 일이 무엇인지 분별하려고 애쓰는 젊은이들에게 해주는 말이 있습니다. "여러분이 하고 싶은 일을 시작하세요. 그 일을 축복하며 기도하고, 사람들의 확인을 구하세요. 소그룹의 일원이라면, 여러분이 도움을 주고 사랑을 베푸는 사람이라는 사실을 그룹원들이 확인해 줄 겁니다. 여러분이 유능한 교사거나 그 외에 어떤 사람인지 확인해 줄 겁니다." 저는 이들 선교사들이 각자의 사역지에서 어떤 체험을 했으며, 그 체험이 사람들에게 복이 되었다고 봅니다. 그래서 그들은 하나님이 자신의 편이며, 자신을 사용하시라고 믿었고, 그래서 갔을 겁니다.

초기의 선교사들에게 비행기가 없었다는 사실에 감사해야 합니다. 비행기가 있었다면, 아마도 일찍 돌아왔을 겁니다. 초기 선교사들은 6개월의 항해 끝에 선교지에 도착해 한 해, 한 해를 지냈습니다. 요즘에는 이런 사람이 없는 것도 이 때문인 듯합니다. 그때와는 달리 지금은 포기하고 돌아오기가 아주 쉽기 때문입니다.

성경은 장로들에게 영적 성실함과 "가르치기를 잘 하는"(딤전 3:2) 증거가 있어야 한다고 말합니다. 단지 장로들이 자기 일을 잘 할 뿐 누구도 도와주지 않는다는 뜻은 아니라고 생각합니다. 제가 생각하기에, 가르치는 능력을 보여주는 증거는 사람들의 마음에 빛이 비춰게 하는 것입니다. 사람들이 말씀에서 전에는 보지 못했던 것을 봅니다. 사람들의 성격이 바뀌고 장로들의 은사를 확인해 줍니다.

이것에 제게 일어난 일입니다. 처음에 저는 파사데나의 레이크 아베뉴 교회(Lake Avenue Church)에서 7학년 남학생들과 9학년 남학생들을 차례로 가르쳤고, 그 다음에는 갈릴리 주일학교(Galilean Sunday School)에서 가르쳤으며, 그 다음에는 풀러 신학교에서 헬라어를 담당하는 윌리엄 라소르(William LaSor) 교수님을 도왔습니다. 사람들은 제게 이렇게 말하기 시작했습니다. "선생님 설명은 이해가 잘 됩니다. 그런데 라소르 교수님 얘기는 이해가 잘 안 됩니다. 선생님이 도와주면 이해가 됩니다." 이게 바로 나일지(who I am) 모른다는 생각이 들기 시작했습니다. 공동체 속에서 저의 정체성을 발견했습니다. 숲속에서 자신의 정체성을 발견할 수는 없습니다. 따라서 교회에 남아 사람들을 사랑하고 자신이 좋아하는 일을 해야 합니다. 그러면 어느 날 갑자기 공동체 속에서 자신이 누군지 발견하게 됩니다.

저스틴 테일러: 두 분은 개인적으로 절망하고 포기하고 싶을 때, 성경 어디를 보십니까? 이럴 때마다 펴보는 특별한 구절이나 책이 있습니까? 성경 외에는 어떤 책을 보십니까? 절망하거나 낙심될 때 찾는 특별한 저자나 책이 있습니까?

존 맥아더: 저는 절망하거나 낙담하는 경우가 거의 없습니다. 이유는 저도 모르겠습니다. 저는 감성적인 사람이 아닙니다. 저는 그냥 다음 일로 넘어갑니다. 앉아서 슬퍼하거나 기분 나빠할 시간이 없습니다. 할 일이 너무 많습니다. 때로는 낙담도 하지만 그 다음 일

에 몰두한다는 뜻입니다. 사람들은 몇 십 년간 매주 같은 사람들에게, 그것도 일일이 기록하는 사람들에게 설교하고, 대학 채플과 신학교 채플에서 설교하며, 책을 쓰는 게 어떤 건지 전혀 모릅니다. 제게 이 일은 주님이 가라고 하신 길입니다. 시간이 없습니다. 앉아 있을 시간이 없습니다. 그런 순간들은 대개 쏜살같이 지나가지만, 언제나 사도 바울을 생각합니다. 그러지 않으면 제가 존경하는 영웅을 생각합니다. 자신의 모든 원고가 불타는 순간의 윌리엄 캐리(William Carey, 1761?-1834, 인도 선교사로 성경 번역에 전념했으나 화재로 성경 번역 원고를 모두 잃었다)를 생각합니다. 윌리엄 틴데일(William Tyndale, 1495-1536, 웨일즈 출신으로 최초로 신약을 영어로 번역하여 인쇄했으며, 구약을 번역하던 중에 투옥되어 화형을 당했으나 그의 번역을 기초로 KJV이 나왔다)을 생각합니다. 그는 감옥에서 죽을 날을 기다리면서도, 추위를 막을 바지를 뜰 수 있도록 실과 바늘을 가져다주길 원했습니다(그는 내 마음에 보화입니다). 저는 또한 중국에 갔을 때 로버트 모리슨(Robert Morrison)의 무덤가에 서서 울었습니다.

제게는 이런 시간이 길지 않습니다. 언제나 혹독한 스케줄이 기다리기 때문입니다. 수일 아침과 저녁에 설교하고, 대개는 주중에 교회 밖 사역지에서 또 한 차례 설교합니다. 지금까지도, 설교를 준비할 때면 깨달은 바에 전율을 느끼며 그것을 전하려는 생각에 흥분됩니다. 그래서 낙담할 일이 있다가도 금방 이겨냅니다. 정말로 형편없는 설교를 하고 어딘가에 숨고 싶을 때라도 그 다음 설교를 되도록 빨리 준비하면 그 만큼 기분이 좋아집니다. 왜냐하면 지나간 일은 뒤로 하고 새로운 기회를 향해 달려가기 때문입니다. 제게 새로운 기회란 말씀으로 들어가 말씀을 캐며, 다음 사역을 위해 알아야 할 바를 찾아내는 것입니다.

존 파이퍼: 저는 무슨 기도를 하든지 "저를 지키고 보존해 주소서!" 라는 기도를 빼놓지 않습니다. 제 말은 "제 구원을 지켜주소서!"라는 뜻입니다. 하나님이 우리를 보존하기 위해 여러 방법을 사용하신다고 생각합니다. 또한 "제 사역을 지켜주소서!"라는 뜻입니다. 단명으로 끝나는 사람이 되고 싶지 않습니다. 제 말은 또한 "제 결혼생활을 지켜주소서!"라는 뜻입니다. 저는 파선하고 싶지 않습니다. 제 말은 "저를 지켜주소서!"라는 뜻입니다. 저는 "능히 너희를 보호하사 거침이 없게 하실" 이에게 기도합니다(유 24). 제게 많은 축복을 주시길 기도합니다. 주님은 늘 저를 지켜주셨습니다.

남자들은 중년의 위기를 맞습니다. 저도 그랬습니다. 마흔 살 때, 휴가가 절반쯤 지났을 무렵 계단에 앉아 흐느낀 적이 있습니다. 노엘이 계단을 내려오며 물었습니다. "무슨 일이에요?" "나도 모르겠어요!" 마치 PMS(월경전 증후군) 같았습니다. 그래서 저는 그저 이렇게 말했습니다. "목회를 계속해야 하는지 모르겠어요. 내가 뭘 원하는지 모르겠어요…. 왜 이렇게 슬픈지 나도 모르겠어요." 이런 상황은 몇 년이나 지속되었지만, 그래도 제 역할을 할 수 있었던 것은 하나님의 은혜였습니다. 저는 어느 저자에게 귀 기울이고 있었습니다. 그녀가 "글을 쓸 때 가장 좋은 일은 무엇인가요?"라고 물었고, "마지막 페이지를 끝내는 거지요!"라고 답했습니다. 우울할 때 가장 좋은 것은 터널 끝에 보이는 빛입니다. 우울함을 즐기는 사람은 아무도 없습니다.

그러나 해결책과 관련해 한 가지를 덧붙이고 싶습니다. 저는 고난의 신학을 발전시키려고 많은 노력을 기울였습니다. 저는 견디고 싶습니다. 인내하고 싶습니다. 절망스러운 순간을 헤쳐 나가고 싶습니다. 사람들이 변하지 않도록, **맥**이 풀리지 않도록, 탈락하지 않도록, 삶을 허비하지 않도록, 이혼을 하지 않도록, 직장을 떠나지 않도록, 교회를 거래하지 않도록 **돕**고 싶습니다. 저는 사람들이 이런 길로 가지 않길 바라며, 그래서 이 책도 준비했습니다.

맥아더 목사님은 앞서 사도 바울의 고난에 대해 들려주셨습니다.[3] 따라서 우리가 목사님께 절망에 대해 묻는다면, 목사님은 "저는 바울을 생각합니다"라고 답하실 겁니다. 저는 "아멘, 저도요!"라고 답할 겁니다. 서는 고린도후서 1장 9절을 봅니다. "우리는 우리 자신이 사형 선고를 받은 줄 알았으니 이는 우리로 자기를 의지하지 말고 오직 죽은 자를 다시 살리시는 하나님만 의지하게 하심이라." 그리고 이 말씀을 제 자신에게 전합니다. 저는 지금 이렇게 느낍니다. "지금 바로 천국에 가면 너무 좋겠습니다. 그러니 저를 지금 천국에 보내주세요. 탈리다는 노엘이 보살펴 줄 겁니다. 아주 잘 보살필 겁니다. 그러니 지금 저를 보내주세요." 그 순간 이런 대답이 돌아옵니다. "안 돼! 네 심장이 지금도 뛰고 있어! 그러니 너는 신학을 해야 해!" 이게 저의 소명입니다. 저는 신학을 합니다. 그리고 이렇게 말합니다. "하나님은 바울이 자신을 의지하지 않고 죽은 자를 일으키시는 하나님을 의지하게 하려고 그를 쓰러뜨리셨습니다. 하나님은 바울이 절망하길 원하셨습니다. 여러분은 지금 절망 가운데 있습니다. 그러므로 하나님은 여러분을 향한 목적을 갖고 계신 것이 분명합니다." 저는 고난의 신학을 통해 자신을 가르치면서, 제 자신이 하나님께 더 쓸모 있는 존재가 되길 바랍니다.

우리는 계속해서 "하나님의 주권"을 믿고 우리 속에 있는 "세상의 악"을 제거해야 합니다. 이것이 삶의 가장 큰 문제입니다.

저스틴 테일러: 두 분은 어떻게 기억되길 원하십니까? 두 분이 이 세상을 떠났을 때 사람들이 두 분을 어떻게 말해주길 원하십니까? 두 분은 어떤 사람으로 알려지길 원하십니까?

존 맥 아 더 : 파이퍼 목사님, 여기에 대해 생각해보신 적이 있으신가요?

존 파 이 퍼 : 예. 장례식 때마다 생각해 봅니다.

존 맥 아 더 : 저는 제 사후 세계를 계획하려하지 않습니다.

존 파 이 퍼: 계획하는 게 아닙니다. 사후 세계를 계획할 필요는 없습니다. 그러나 생각은 해봐야 합니다.

사람들이 제가 겸손했다고 말해주면 좋겠지만 그럴 거 같지 않습니다. 제 아들들이 제가 정말로 마음이 부드럽고, 섬세하고, 이해심이 많은 아버지였다고 말해주면 좋겠습니다. 교인들이 제가 진정으로 그들을 위하는 목사였다고 말해주면 좋겠습니다. 그런데 그럴 거 같지 않습니다.

그러면 어떤 사람은 "생활 방식을 바꿔보지 그러세요!"라고 할 겁니다. 저도 노력했습니다. 노력했고 노력하는 중입니다. 그러나 제가 모든 사람이 예수 그리스도를 통한 기쁨을 얻도록 무슨 일에서나 하나님의 주권에 대한 열정을 심는 도구였다고 말해준다면, 제 묘비에 그렇게 써준다면 아무래도 괜찮습니다. 바울은 사람이 하는 말이 중요한 게 아니라고 했습니다(롬 14:4 참조). 사람의 판단이 중요하지 않습니다. 그러므로 제 묘비에 **뭐**라고 기록되던 마지막 날에 재판장께서 하실 말씀에 비하면 아무 것도 아닙니다. 그분이 찾으시는 것은 제가 의롭다함을 받고 형벌을 면하기 위해 그리스도께로 나아갔다는 증거일 것입니다.

저스틴 테일러: 파이퍼 목사님, 마무리 기도를 해주시겠습니까?

존 파 이 퍼: 하늘에 계신 아버지, 당신이 너무너무 필요합니다. 우리는 은혜를 사랑합니다. 자비를 사랑합니다. 우리의 사역이 은혜이며, 우리의

구원이 은혜이며, 우리의 호흡이 은혜이며, 우리의 독신이 은혜이며, 우리의 결혼이 은혜이며, 우리의 자녀가 은혜이며, 그 자녀를 잃는 것도 은혜입니다. 우리는 은혜를 먹고, 은혜를 마시고, 은혜를 호흡합니다. 이렇게 하지 않을 수 없습니다. 아버지, 당신은 자신을 높여 자비를 베푸십니다. 당신께서 영광을 받으시고, 찬양을 받으시고, 높임을 받으시는 동안 우리는 당신의 자비를 누리니 행복합니다. 기쁩니다. 예수님의 이름으로 기도합니다. 아멘.

각 주

서론

1) John Piper, "Evangelistic Bill Piper: Fundamentalist Full of Grace and Joy," Desiring God Pastors Conference(2008년 2월 5일)에서 했던 강연이다. www.desiringGod.org에서 전체를 볼 수 있다.
2) John Murray, *Redemption - Accomplished and Applied* (Grand Rapids, MI: Eerdmans, 1955), 192-193.
3) 웨스트민스터 대요리 문답, 질문 154.

1장

1) B. B. Warfield, *The Works of Benjamin B. Warfield*, 10 vols. (Grand Rapids, MI: Baker, 1931; reprint 1991), 7:113.

2장

1) Eugene H. Peterson, *A Long Obedience in the Same Direction: Discipleship in an Instant Society*, 20주년 기념판(Downers Grove, IL: InterVarsity Press, 2000). 『한

길 가는 순례자』, 김유리 옮김(IVP, 2001).

2) Randy Alcorn, *Why Prolife? Caring the Unborn and Their Mothers* (Sisters, OR: Multnomah, 2004). 『작은 생명의 손짓』, 조은혜 옮김(디모데, 2007).

3) Alex Harris and Brett Harris, *Do Hard Things: A Teenage Rebellion against Low Expectations* (Colorado Springs: Multnomah Books, 2008).

4) Donald S. Whitney, *Spiritual Disciplines of the Christian Life* (Colorado Springs: NavPress, 1991). 『영적훈련』(네비게이토, 1997)

5) Dallas Willard, *The Spirit of the Discipline: Understanding How God Changes Lives* (New York: HarperCollins, 1991), 『영성훈련』, 엄성옥 옮김(은성, 1993)

4장

1) 폴리갑의 놀라운 용기와 인내에 대해 더 많이 알고 싶다면, 이 책에서 존 파이퍼가 쓴 장을 보라.

2) Helen H. Lemmel, "Turn Your Eyes Upon Jesus" (1922)

3) Norman J. Clayton, "Now I Belong to Jesus" (1966)

4) Fredrick Brook, "My Goal Is God Himself," 연대 미확인.

5) Albert Osborn, "Let the Beauty of Jesus Be Seein in Me." Osborn은 구세군의 대장(General, 1946-1952)이었다.

6) Kate B. Wilkinson, "May the Mind of Christ, My Savior" (연대 미상이지만 1913년 전이다).

5장

1) Samuel Zwemer, *Raymond Lull: First Missionary to the Moslems* (New York:

Fleming H. Revell, 1902), 132-145.

2) 다음 이야기는 Documents of the Christian Church, ed. Henry Bettenson (Oxford University Press, 1967), 9-12에 번역된 기사에서 인용한 것이다.

3) http://www.iconoculture.com/microsites/boomers

4) Ralph Winter, "The Retirement Booby Trap," Mission Frontiers 7 (July 1985): 25.

5) Handley C. G. Moule, Charles Simeon (London: The Inter-Varsity Fellowship, 1948, 초판 1982).

대담1

1) 예를 들면, 다음을 보라. Jerry Brigdges, *The Gospel for Real Life* (Colorado Springs: NavPress, 2002).

2) Charlotte Elliot, "Just as I Am, Without One Plea" (1835), "큰 죄에 빠진 날 위해"(찬송가 282장)

3) John Owen, *Overcoming Sin and Temptation*, ed. Justin Taylor and Kelly Kapic (Wheaton, IL: Crossway Books, 2006).

4) John Owen, *Communion with the Truine God*, ed. Justin Taylor and Kelly Kapic (Wheaton, IL: Crossway Books, 2007).

5) Randy Alcorn, *50 Days of Heaven* (Wheaton, IL: Tyndale House, 2006).

6) Randy Alcorn, *Safely Home* (Wheaton, IL.: Tyndale House, 2003), 『천국의 사람 리쿠안』, 배웅준 옮김, (규장, 2005).

7) Randy Alcorn, Deadline (Sisters, OR: Multnomah, 1999).

8) Jerry Bridges, Respectable Sins (Colorado Springs: NavPress, 2007), 『크리스천이 꼭 이겨야할 마음의 죄』, 오현미 옮김(두란노, 2008)

대담2

1) Ted Tripp, *Shepherding a Child's Heart* (Wapwallopen, PA: Shepherd Press, 1995)를 보라. 『마음을 다루면 자녀의 미래가 달라진다』, 조경애, 조남민 옮김(디모데, 2004).

2) 다음은 릭 가마치 목사가 제시한 질문이다.

- 너의 신앙은 어떻니?
- 하나님이 네게 무엇을 가르치시니?
- 네 자신의 말로 표현하면, 복음이 뭐니?
- 네가 물리쳐야 하는데 아빠의 도움이 필요한 구체적인 죄가 있니?
- 아빠에게 꾸중들은 기억보다 격려 받은 기억이 더 많니?
- 아빠는 어디에 가장 큰 열정을 쏟니?
- 아빠는 교회와 집에서 똑같이 행동하니?
- 너에 대한 아빠의 사랑을 아니?
- 아빠가 어떤 식으로든 네게 짓고 회개하지 않은 죄가 있니?
- 아빠를 지켜보면서 해주고 싶은 말이 있니?
- 아빠가 아빠 역할을 잘 하는 것 같니?
- 주일 설교가 네게 어떤 영향을 미쳤니?
- 아빠와 엄마의 관계를 보면 결혼하고 싶다는 생각이 드니?

(가마치 목사는 이렇게 썼다: "이러한 질문들에 앞서, 나는 언제나 자녀들에게 친구 관계를 물으며, 하나님과 그분의 복음이 이러한 관계의 중심이 되게 한다. 그리고 아내를 기회 있을 때마다 칭찬함으로써 아이들이 어머니에 대한 감사와 사랑을 키워가게 한다.")

3) 3장을 보라.

저 자 소 개

존 파이퍼
John Piper

하나님의 영광에 대한 확고한 시각을 가지고 평생을 사역해 온 **존 파이퍼**(John Piper)는 미니에폴리스에 위치한 베들레헴 침례교회(Bethlehem Baptist Church)에서 말씀과 비전을 전하는 목사다. 사우스캐롤라이나 그린빌에서 자랐으며, 휘튼 칼리지에서 수학하던 중에 처음으로 목회에 대한 하나님의 부르심을 느꼈다. 풀러 신학교와 뮌헨 대학에서 각각 신학학사와 신학박사 학위를 받았다. 미네소타 주 세인트폴에 위치한 베델 칼리지(Bethel College)에서 6년간 성경을 가르쳤으며, 1980년에 베들레헴 침례교회의 목사로 청빙을 받았다. 저서로는 『여호와를 기뻐하라』(Desiring, God, 생명의말씀사), 『삶을 낭비하지 말라』(Don't Wast Your Life, 성서유니온), 『하나님이 복음이다』(God Is the Gospel, IVP), 『믿음으로 사는 즐거움』(Battling Unbelief, 좋은씨앗), 『예수님의 지상명령』(What Jesus Demands from the World, 생명의말씀사) 등이 있다.

제리 브리지스
Jerry Bridges

암투병과 상실의 아픔 중에도 흔들리지 않고 거룩함을 추구해 온 **제리 브리지스**(Jerry Bridges)는 베스트셀러 작가이자 컨퍼런스 강사이다. 저서 가운데 가장 유명한 『거룩한 삶의 추구』(The Pursuit of Holiness, 네비게이토)는 백만 부가 넘게 팔렸다. 그가 쓴 책 아홉 권은 모두 베스트셀러로, 16개 언어로 번역 출판되었다. 글 쓰는 사역 외에도 여러 신학교와 전 세계의 컨퍼런스에 초청을 받아 강연을 하고 있다. 1955년부터 네비게이토 선교회 스태프로 일했으며, 현재는 네비게이토 대학생 선교회 미국지부 고문이다. 웨스트민스터 신학교에서 명예 신학박사 학위를 받았다.

랜디 알콘
Randy Alcorn

생명보호운동을 통해 가족과 함께 온갖 어려움을 견디며 순종한 **랜디 알콘**(Randy Alcorn)은 EPM(Eternal Perspective Ministries)의 창립 대표이며, 천국에 대한 성경적 연구에 관한 한 세계적 권위자이다. EPM은 사람들에게 천국을 사모하게 하고 가난한 자, 소외받고 핍박받는 자, 모태에 있는 태아를 포함하여 보호와 도움이 필요한 모든 사람들에게 주목할 것을 촉구하는 비영리선교단체이다. 랜디는 EPM을 설립하기 전까지 14년간 목회를 했다. 『부자 그리스도인』(The Treasure Principle, 생명의말씀사), 『헤븐』(Heaven, 요단), 『천국의 사람 리쿠안』(Safely Home, 규장) 등 CBA(미국서점협회) 장기 베스트셀러, ECPA(미국 복음주의기독교출판협의회) 최우수 도서 골드메달 수상 등 250만 부 이상이 판매된 23권의 책을 쓴 역량 있는 작가이기도 하다.

존 맥아더
John MacArthur

성경을 수호하며 한 교회에서 오랫동안 성실히 목회를 하는 **존 맥아더**(John MacArthur)는 1969년부터 캘리포니아 주 선 밸리에 위치한 그레이스 커뮤니티 교회(Grace Community Church)의 목사-교사(pastor-teacher, 맥아더는 자신을 이렇게 부르며, 교회 홈페이지에서도 자신을 이렇게 소개한다.)로 섬기고 있다. 5대를 이은 목사이며, 36년간 '그레이스 투 유'(Grace to You)라는 라디오 방송으로 전 세계로 그의 강단사역을 확대하였다. 매스터스 칼리지(The Master's College)와 매스터스 신학교(The Master's Seminary)의 총장이며, 수백 권의 책과 스터디 가이드를 썼다. 『진리 전쟁』(The Truth war), 『복음을 부끄러워하는 교회』(Ashamed of the Gospel, 생명의말씀사) 등 수많은 베스트셀러가 있으며, 1998년에 『맥아더 스터디 바이블』(The MacArthur Study Bible)로 미국 복음주의 출판협의회(ECPA)로부터 최우수 도서 골드메달을 수상하였다.

헬렌 로저비어
Helen Roseveare

전쟁에 찢긴 선교현장에서 변치 않는 용기를 보여준 **헬렌 로저비어**(Helen Roseveare)는 영국의 지체높은 귀족가문에 태어났으나 캠브리지 대학교 의대생이던 1945년에 회심 후 선교사로 헌신했다. 1950년에 WEC(Worldwide Evangelization for Christ) 국제 선교회에 가입하여 콩고로 건너갔다. 콩고가 유혈내전에 휩싸이자 반군들에게 잡혀 갖은 고문과 고초를 당한다. 하지만 국명이 자이레로 바뀔 때까지(1997년에 국명이 콩고민주공화국으로 바뀐다) 그곳 사람들을 섬겼다. 그 후 20년 동안, 종합병원과 의원, 의료보조인력(paramedical workers)을 양성하는 학교를 세웠으며, 대규모 의료 협력 체계를 구축하였다. 1973년부터 WEC 국제 선교회 본부의 강연자로 섬기며, 전 세계의 젊은이들과 대학생들과 교회들에게 전임 사역을 위한 하나님의 부르심에 대한 깊은 도전을 주고 있다. 소명과 그리스도인 삶의 근본 원리, 선교 사역에 관한 책도 여러 권 썼다.

저스틴 테일러
Justin Taylor

저스틴 테일러(Justin Taylor)는 칼빈주의적 성경 해석으로 주목받고 있는 ESV 스터디 바이블의 편찬 디렉터(projector director)이자 편집국장이다. 존 오웬의 고전 『죄와 유혹 이기기』(Overcoming Sin and Temptation, 2007), 『삼위일체 하나님과의 교제』(Communion with the Triune God)를 새롭게 편집했다. 존 파이퍼와 함께 '디자이어링 갓'(Desiring God) 컨퍼런스의 자료를 엮어서 『하나님 중심적 세계관』(A God-Entranced Vision of All Things, 부흥과개혁사) 등 여러 권의 책을 편집했다.

사명선언문

너희가 흠이 없고 순전하여······세상에서 그들 가운데 빛들로
나타내며 생명의 말씀을 밝혀 _ 빌 2:15-16

1. 생명을 담겠습니다
만드는 책에 주님 주신 생명을 담겠습니다.
그 책으로 복음을 선포하겠습니다.

2. 말씀을 밝히겠습니다
생명의 근본은 말씀입니다.
말씀을 밝혀 성도와 교회의 성장을 돕겠습니다.

3. 빛이 되겠습니다
시대와 영혼의 어두움을 밝혀 주님 앞으로 이끄는
빛이 되는 책을 만들겠습니다.

4. 순전히 행하겠습니다
책을 만들고 전하는 일과 경영하는 일에 부끄러움이 없는
정직함으로 행하겠습니다.

5. 끝까지 전파하겠습니다
모든 사람에게, 땅 끝까지, 주님 오시는 그날까지
복음을 전하는 사명을 다하겠습니다.

서점 안내

광화문점 서울시 종로구 새문안로 69 구세군회관 1층
02)737-2288 / 02)737-4623(F)

강남점 서울시 서초구 신반포로 177 반포쇼핑타운 3동 2층
02)595-1211 / 02)595-3549(F)

구로점 서울시 동작구 시흥대로 602, 3층 302호
02)858-8744 / 02)838-0653(F)

노원점 서울시 노원구 동일로 1366 삼봉빌딩 지하 1층
02)938-7979 / 02)3391-6169(F)

일산점 경기도 고양시 일산서구 중앙로 1391 레이크타운 지하 1층
031)916-8787 / 031)916-8788(F)

의정부점 경기도 의정부시 청사로47번길 12 성산타워 3층
031)845-0600 / 031)852-6930(F)

인터넷서점 www.lifebook.co.kr